祝福結婚の恵みと夫婦円満の秘訣

家庭カウンセラー
内田由喜
Yuki Uchida

光言社

はじめに

神様の創造の動機は愛の世界の実現です。ご自身のすべてを投入して、愛の理想世界を実現しようとされたのです。その愛の理想世界は、家庭を基盤として実現されます。愛にあふれた家庭ができ、それが広がって愛の社会ができ、愛の世界すなわち天国ができるのです。ところが、人類始祖アダムとエバが堕落することによって、神様の愛の理想はすべて失われてしまいました。

真《まこと》の父母様は、人間の堕落の根本原因を解明され、堕落によって失ったすべてのものを蕩減復帰され、真の父母の位置に立たれました。そして、勝利されたすべての内容を、祝福結婚を通じて祝福家庭に与えてくださったのです。

祝福家庭の夫婦は、原罪を清算する祝福結婚の恩恵を受け、堕落前のアダムとエバの位置にまで復帰されました。そして、真の夫婦となり、真の家庭を築くよう、天の父母様（神様）と、真の父母様から願われているのです。

祝福を受けたからといって、自動的に愛の夫婦となり、愛の家庭を築くことができるわけではありません。祝福を受けて完成するのではなく、その時から神様の創造理想の実現に向けて出発するのです。

神様の祝福は一人の男性と一人の女性、すなわち夫婦から始まります。夫婦が神様を中心として、真の愛で心と体を一つにするところから、愛の家庭が築かれていくのです。夫婦は一つになりながら、家庭を基盤として子女の愛、兄弟姉妹の愛、夫婦の愛、父母の愛という四大愛、四大心情圏を体恤《たいじゅつ》していきます。

本書は、真の父母様のみ言《ことば》を中心に、私たちが受けた祝福結婚の意義をもう一度確認しながら、祝福家庭の信仰生活、夫婦の在り方などを述べています。これまであまり触れられてこなかった夫婦生活についても述べさせていただきました。夫婦は性生活を伴う点からも、四大愛の中でも最も親密で濃密な愛と言えるでしょう。

夫婦の愛から新しい生命が生まれ、家庭が築かれていきます。そして、血統が受け継がれていくのです。夫婦の愛が神様の創造理想の根源であり、根幹なのです。夫婦の愛は家庭の中心であり、核なのです。真の父母様も、夫婦の愛、絶対「性」の貴さを強調されています。

はじめに

金元弼《キムウォンピル》先生（三弟子、三十六家庭）から受けた夫婦生活の指導をはじめ、夫婦で円満な授受作用ができるよう、アドバイスもさせていただきました。２００５年秋から季刊誌『祝福家庭』に13回にわたって連載した「夫婦円満の秘訣」の内容も盛り込んでいます。

家庭生活はいつも順風満帆であるとは限りません。何か課題を感じるときには、真の父母様のみ言に立ち返り、夫婦で軌道修正して、天の願いに沿った同じ方向に向かって再出発することが必要です。夫婦が一つになり、真の愛の家庭を築かれることを心から願ってやみません。本書が皆様の家庭生活に少しでもお役に立てば幸いです。

２０１６年5月

内田由喜

祝福結婚の恵みと夫婦円満の秘訣◆目次

はじめに……3

第一章　召命と重生

一、神様と共なる生活……17
㈠「召命された」という自覚……17
㈡み言《ことば》がすべての礎……20
㈢「ために生きる」人生……22
㈣祈りと感謝の生活……23

二、真《まこと》の父母様を通して重生……26
㈠私と真の父母様との関係……27
㈡真の父母様が人類の先祖……30
【第一章のポイント】……32

目次

第二章　祝福結婚と万物主管

一、堕落を蕩減復帰した祝福結婚……35

㈠神様から公認された夫婦……35

㈡聖別期間と三日行事……40

㈢結婚の目的……44

二、本然の万物主管……46

㈠万物主管の原則……46

㈡人間は万物の主管主……47

【第二章のポイント】……50

第三章　四大心情圏と私たちの責任

一、四大心情圏から見た創造・堕落・復帰……53

㈠四大心情圏について……53

㈡四大心情圏を蕩減復帰……55

二、人間の責任分担と堕落……60
㈠責任分担とは……60
㈡神様を中心に夫婦が一つになる……62
【第三章のポイント】……65

第四章　祝福家庭の信仰生活と礼典

一、祝福家庭の信仰生活……69
㈠侍《はべ》る生活……69
㈡訓読生活……70
二、祝福家庭の礼典生活……72
㈠礼拝……72
㈡安侍日《アンシイル》……74
㈢家庭祭壇……76
【第四章のポイント】……79

第五章　夫婦生活に対する神様の計画
一、夫婦の家庭生活に対する神様の計画……83
㈠絶対「性」と神の血統……83
㈡愛の完成が四大心情圏の定着点……88
㈢神様の願いは家庭的四位基台……90
二、神様が願う祝福家庭の夫婦像……92
㈠神様が喜ばれる立場で愛し合う……92
㈡四大心情圏を体恤《たいじゅつ》する……95
三、夫婦生活での肉体的適応……98
㈠男性と女性の違い……99
㈡夫婦生活の芸術化……101
㈢夫婦の就寝とその位置……103
【第五章のポイント】……105

第六章　夫婦愛を育む
一、会話・コミュニケーション……109
㈠傾聴……110
㈡夫婦のコミュニケーション……112
二、家庭での夫婦の生活習慣……118
㈠相手を抱きしめる……118
㈡相手を尊重する……121
三、充実した夫婦生活のために……122
㈠一つになる努力……123
㈡夫婦の性生活の重要性……125
㈢金元弼《キムウォンピル》先生の指導……129
【第六章のポイント】……136
第七章　幸せな夫婦となるために

目次

一、問題が起きたとき……139
㈠理想像にとらわれない……139
㈡早い段階で解決する……140
㈢夫婦の問題収拾の六つのポイント……141
二、加齢とともに良き夫婦生活を……143
㈠相対を通して成長する夫婦の愛……143
㈡加齢に伴う課題と解決策……144
三、祝福の原点に立ち返る……148
㈠み言を軸とする……148
㈡祈祷とみ言の学習……150
四、夫婦で永遠に幸せに……151
㈠結婚は神様に似るため……151
㈡お互いは自分を映す鏡……152
㈢愛の理想は家庭から……155
【第七章のポイント】……156

第八章　家庭の重要性と神氏族メシヤ

一、家庭の重要性……159
㈠家庭とは……159
㈡神様の復帰摂理の目的は家庭……160
二、神氏族メシヤ……162
㈠氏族復帰の目的……162
㈡神氏族メシヤの立場……164
【第八章のポイント】……165
【参考図書】……166

第一章　召命と重生

一、神様と共なる生活

㈠「召命された」という自覚

私たちはみ言《ことば》に出会い、そのみ言を通して神様に出会いました。それは偶然なされたことではありません。自分の意志でなしたことでもありません。神様の導きによってみ言と出会うことができたのであり、神様に出会うことができたのです。私たちは天の召命を受けた者なのです。

独身の時に召命された人もいれば、結婚して夫婦で召命された人もいます。年齢も違えば、社会的な立場も違います。また、先祖の背景もそれぞれ違うでしょう。神様はすべての人をご存じで、神様が必要とされる時に、その人にふさわしい時に召命されるのです。

聖書には神様の救いの摂理が記されています。神様は人類を救う摂理を推し進め、成就するために、重要な人物を予定し、召命されているのです。

「わたしは地の果《はて》から、あなたを連れてき、地のすみずみから、あなたを召して、あなたに言った、『あなたは、わたしのしもべ、わたしは、あなたを選んで捨てなかった』と」（イザヤ書41章9節）

「わたしはあなたをまだ母の胎につくらないさきに、あなたを知り、あなたがまだ生《うま》れないさきに、あなたを聖別し、あなたを立てて万国の預言者とした」（エレミヤ書1章5節）

神様は、イザヤを選んで、彼を「地の果てから」連れてきたのです。また、エレミヤを、彼が生まれる前から知っていて、聖別し、万国の預言者とされたのです。

私たちも、生まれる前から神様が予定されたのであり、神様が願われた時に、私たちがその願いにかなった時に、多くの人々の中から私を選び出してくださったのです。

神様は、私のことを誰よりもご存じです。救いの摂理に私を用いたいというご意思があって、私を導いてくださったのです。ですから、私たちは、自身が神様が願われた者であり、神様に必要とされた者であるという自覚が必要です。

真《まこと》のお父様は、自叙伝『平和を愛する世界人として』で、次のように語られています。

「私たちは全員、偉大な人間として創造されました。何の意味もなく皆さんがこの世界に出てきたのではありません。神様は、自分のすべての愛を注いで私たちをつくりあげられたのです。ですから、私たちはどれほど偉大な存在でしょうか。神様がいらっしゃるので、私たちは何でもすることができるのです」（『平和を愛する世界人として』より）

神様はいつでも、どこでも、私たちと共にいてくださいます。私たちは、話をする時も神様と共に話し、食べる時も神様と共に食べ、寝る時も神様と共に寝るのです。常に「神様と共にいる」と意識しながら生活をするのです。そうすることによって、神様の臨在と心情を感じることができるようになるのです。

私たちにとって大切なことは、神様が共にいてくださることができる、神様が働くことのできる自分になることです。そのことに努力することが、生活信仰において大事なことです。

㈡ み言がすべての礎

人間始祖アダムとエバは、神様の戒めのみ言を守ることによって完成するはずでした。神様のみ言を守ること、み言を実践することが、彼らの責任分担でした。しかし、その責任分担を果たすことができずに堕落してしまいました。

堕落人間が本然の位置に復帰するためには、再創造の道を行かなければなりません。再創造のためには、神様のみ言を信じ、実践しなければならないのです。

真のお父様は、み言を理解し、実践することの重要性についてさまざまに語っておられます。

「み言を心と頭だけで知るのではなく、体で分かって行いなさい」

「原理をどれほど知ったかが問題でなく、どのくらい実践したかが問題である」（以上、『御旨の道』より）

み言を知っているというのと、理解しているというのとでは大きな違いがあります。み言をただ知っているだけではいけません。み言を実際に実践しなければなりません。生活のさまざまな場面で、み言によって判断し、み言に従った実践ができてこそ、み言を理解したと言えます。そして、それが習慣化されなければならないのです。み言を実践し生活化することと、それが信仰生活の基本です。

み言を実践するとき、私たちは神様の心情を感じます。神様と縦的な心情関係を結ぶのです。私たちは、神様のみ言によって、神様によって生かされていることを深く自覚しながら、神様との縦的な関係を確立していくことができるのです。

み言を信じ実践することを通して、私たちの霊人体は成長します。成長して、神様と一体となって、直接主管圏に至るようにしてくださったのです。私たちが神様に出会うのはみ言を通してなされます。

神様の創造は、すべて喜びを得るためでした。神様はすべてを投入して喜びを得ようとされたのです。そして、その中心は人間でした。

神様は全知全能の方ですが、お独りで幸せになること、喜ぶことはできません。幸せを得るためには、対象から刺激が来なければなりません。神様お独りでは「喜び」は生じ得ません。神様の実体対象であり、ご自身の子女である人間が「三大祝福」のみ言を成就して天国を実現し、幸せになったのをご覧になって、喜び、楽しもうとされたのです。

神様は人間と共に喜ぶことを願っておられるのです。「神様と共に暮らしたい！」と、神様への慕わしい心情を募らせて生活する、そのような信仰生活でありたいものです。

㈢「ために生きる」人生

神様はご自身のすべてを投入して創造されました。愛を中心として、完全投入されたのです。そこから、「ために生きる」というのが宇宙の根本原則となったのです。愛を中心として対象のためにすべてを投入する、これが偉大なのです。

ここから私たちが学ぶべき生活哲学が出てきます。愛の世界を実現するためには、「ために生きる」という原則で生きなければならないということです。完全投入する以外に、真の愛に出会う方法はありません。完全に投入し、完全に「ために生きる」ところにおいてのみ可能なのです。このようなことが私たちの生活哲学にならなければなりません。与えて、また与えるのです。そうすることによって、神様が創造された時にご自身を消耗させた立場と同じ立場になるのです。

㈣ 祈りと感謝の生活

人間は霊人体と肉身から成っています。肉身は有限であり一時的ですが、霊人体は永遠です。肉身生活を終えた後に、霊界で永遠に生きるのです。霊人体は肉身を土台として成長します。ですから、霊界を意識し、霊的に高まること、成長することを心掛けなければならないのです。

そこで大事なのが、祈りとみ言です。祈りは神様と交わる方法であり、魂が安らぎます。み言は霊人体の成長のために欠かせないため、霊的食物と言われます。また、祈りは霊的呼吸であると言われます。食事は一日に数度取りますが、呼吸は絶えずしなければなりません。ですから祈りは常にしなければいけません。聖書にも、「絶えず祈りなさい」（テサロニケ人への第一の手紙5章17節）とあります。

祈りは神様との対話です。神様と愛によって交わるのです。祈りを通じて、神様の心情、神様の愛を感じることができます。霊人体は神様の愛を呼吸しながら成長していくのです。ですから祈りの少ない人は、霊的成長が遅くなってしまいます。

生活の中で、孤独を感じ、何かしら息苦しく感じることがあります。その時は、祈りが欠乏しているのです。神様との関係が切れてしまい、神様から遠くなっているのです。

毎日、人に挨拶をするように、神様への祈りを生活の習慣にしましょう。親である神様と強く、固く結ばれるようになります。

祈ることによって私たちが得る最大の恵みは、神様によって聖化されること、清められることです。祈りを多く捧げれば、善悪に対して鋭敏になり、サタンを分別することができるようになります。

信仰生活の本質は、「神様に感謝する生活」です。そのような生活をすれば、サタンとの因縁を切ることができます。サタンは感謝することができないので、サタンを防御する一番の方法は、「感謝する」ことなのです。そしてサタンとの因縁が切れて、神様と因縁が結ばれていくのです。

祈りと感謝の生活をしましょう。

「私たち人間は、どこから始まったのでしょうか。愛から始まりました。それでは、人間の目的はどこにあるのでしょうか。愛から始まったので、愛の帰結点をつくって連結されなければなりません。出発が愛だったので、目的も愛によって到達しなければなりません。そのようにしながら、その中で既に完成という一つの枠組みを備え、ここで前後、左右、上下に愛を中心として交流できる『私』自身にならなければなりません。愛によってその核と完全に一致し、核と一致した立場に立てば、『私』の体と心、全身、心の五官と体の五官が完全に和合でき、共鳴圏に入っていくようになります。この共鳴圏に入るとき、初めて体と心を中心として成熟した人、堕落していない本来の人間の個人完成が出発するのです」（天一国経典『天聖経』第十二篇「天一国」より）

二、真の父母様を通して重生

み言に出会って得られる最も大きな恩恵は、『原理講論』の「キリスト論」に示されている「重生」です。

聖書の中で、ニコデモというユダヤ人の指導者がイエス様を訪ねてきたとき、イエス様は、「だれでも新しく生《うま》れなければ、神の国を見ることはできない」（ヨハネによる福音書３章３節）と答えられました。

新しく生まれるというのは、サタンの血統から神様の血統へと生まれ変わることをいいます。サタンの縄目を断ち切り、原罪のない神様の子女として新たに生まれ直すのです。

誰もが父母から生まれてきました。生まれ直すためにも、父母を通して成されます。原罪のある悪の父母から生まれたので、善の父母を通して生まれ直すのです。堕落人間が原罪のない神様の子女として生まれ変わるのは、真の父母様による「重生」の道しかありません。それが祝福結婚です。真の父母様の祝福を受けることによって、サタンの血統から神様の血統へと血統転換されるのです。

(一)私と真の父母様との関係

堕落した人間は、神様を中心とした直系の血縁関係を持って生まれることができませんでした。サタンと血縁関係を持ち、サタンの血統として生まれたのです。ですから、偽りの血縁関係、サタンの血統を否定し、神様と新しい関係を結んで、本来の位置に戻らなければなりません。言い換えれば、私たちは、堕落した死亡の世界で生まれたので、神様を中心とした生命の世界に戻るためには、新しく生まれなければならないのです。

「アダムとエバが愛の伝統を破壊することによって、血統を誤って汚しました。偽りの父母が、偽りの愛、偽りの生命、偽りの血統を結んで、このようにしたので、真の父母が来なければなりません。真の父母が、天の父母を知って、天国の秘密とサタン世界の秘密を知り、これらを祝福して、神様の王権を解放してあげなければなりません。

それでは、神様とサタンの争いを停止させる権限は、誰にありますか。来られる真の父母以外には、その争いを止めさせる者がいません。偽りの父母が植えておいたからです」

「私たちに必要なのは真の父母です。偽りの父母から出発したので、真の父母から出発しなければなりません。偽りの父母から、偽りの愛、偽りの生命、偽りの血統を受けました。これをひっくり返さなければなりません。真の父母の愛を中心として、真の生命と真の血統を受け継がなければなりません。言い換えれば、生命の種を誤って受けたので、この本然の種を再び受けなければならないのです。真の父母がいなければ受けることができないので、この地上にメシヤが来られ、そのメシヤの種、真の父母の新しい生命の種をもってきて再度注入し、接ぎ木することを通して、本然のオリーブの木の位置に帰らなければなりません。神様は本当に私たちの父母です。ですから、どれほど近いですか。縦的な父母が神様であり、真の父母は横的な父母として理想の愛を成就するのです」（以上、天一国経典『天聖経』第二篇「真の父母」より）

堕落人間は偽りの父母から生まれました。偽りの愛、偽りの生命、偽りの血統を受けているのです。自分自身ではどうすることもできません。真の父母を迎え、真の父母によって重生しなければならないのです。ですから、私たちが最も生命視しなければならないのは、私と真の父母様との関係です。

真の父母様の祝福を通して血統転換されます。その神様の血統には、真の愛の種と真の生命の体が生きているのです。祝福を受けた私たちは、この神様の血統と連結されたのです。

私たちが神様の願われる夫婦、家庭を築くためには、これまでの習慣的な考え方や、物の見方、捉え方を変えなければなりません。真の父母様から、真の夫婦の在り方、真の家庭の在り方を学び、それに倣《なら》わなければならないのです。

真の父母様のみ言、真の父母様の生き方を詳細に知り、相続して、自分がその道を実践していくために、「真の父母様の生涯路程」をしっかりと学ぶことが必要なのです。

信仰生活を何年したかが問題ではありません。どれだけ真の父母様に似た者になったのか、真の父母様の生き方に近づいたかが大切なのです。

㈡ 真の父母様が人類の先祖

「アダムが堕落していなければ、アダムが人類の善の先祖になります。アダムが神様と完全に一つになって完成していれば、家庭も完成し、氏族も完成します。時間さえたてば、すべてが完成していたのですが、人類の先祖であるアダムが堕落したので、それを蕩滅復帰するためには、真の父母が先祖として来なければなりません」（『真の父母の絶対価値と氏族メシヤの道』より）

人類が堕落していなければ、「真の父母」という言葉は、人類の最初の先祖に対して言う言葉だというのです。人類の一番の根になる出発点が「真の父母」なのです。

しかし人類始祖アダムとエバが堕落したために、真の父母がいなくなってしまいました。アダムとエバは偽りの父母となり、人類は偽りの愛、偽りの生命、偽りの血統を受けてしまいました。

真の父母様は、アダムとエバの堕落によってもたらされたすべての内容を蕩減復帰されました。そして、人類の真の父母の位置に立たれたのです。アダムとエバは偽りの父母、偽りの先祖になりましたが、真の父母様は人類の真の先祖になられたのです。

「父母から血肉を受け継ぎ、言葉も父母から学ばなければなりません。御飯を食べることも父母から学ばなければならず、行動も父母から学ばなければならないのです。父母から学んだこと以外の行動をすることは、サタンのものです。真の父母から生まれたので、真の父母の言葉と、真の父母の行動と、真の父母の家庭の家法と生活方法を学ばなければなりません。それ以外のものはサタンのものです。このことを皆さんは、はっきりと知らなければなりません。

真の父母を抜いては、教育もあってはならず、生活の基盤もあってはなりません。真の父母と完全に一つにならなければならないのです。一つになることとは何かというと、『真の父母の生活が私の生活であり、真の父母の理念が私の理念であり、真の父母の仕事が私の仕事であり、真の父母の愛の圏が私の愛の圏である』、このようにならなければならないとい

うことです」（『文鮮明《ムンソンミョン》先生御言選集』第44巻、1971年5月6日）

【第一章のポイント】

① 神様から選ばれ召命された自分であることをしっかり自覚しましょう。
② 「ために生きる」生活を習慣化しましょう。
③ 神様と真の父母様に出会うためには、み言を学ぶ以外、他に道はありません。
④ 祈りと感謝の生活をしましょう。

第二章　祝福結婚と万物主管

一、堕落を蕩減復帰した祝福結婚

人類歴史は、人類始祖アダムとエバが夫婦の出発を誤るところから始まりました。それはアダムとエバの家庭だけでなく、全人類に悲劇をもたらしてしまいました。その堕落の内容を蕩減復帰する祝福を受けた夫婦が神様を中心に正しく出会い、家庭を出発することは、その家庭に幸福と平安をもたらすだけにとどまらず、全世界、全天宙の幸福と安息につながるのです。

㈠ 神様から公認された夫婦

神様の創造理想は、人間に与えた三大祝福が実現されてこそ成就されます。『原理講論』は、神様の創造目的について、次のように述べています。

「神はアダムとエバを創造なさったのち、生育せよ、繁殖せよ、万物世界を主管せよ（創世記1章28節）と言われたのである。この三大祝福のみ言《ことば》に従って、人間が神の国、すなわち天国をつくって喜ぶとき、神もそれを御覧になって、一層喜ばれることはいうまでもない」（『原理講論』第一章創造原理より）

祝福結婚は、人類が探し求めてきた「理想の結婚」です。神様は人間の結婚を祝福したかったのです。

祝福結婚は、人類始祖アダムとエバが失敗したことを蕩減復帰する意味を持っています。アダムとエバは、将来結婚することを約束された立場でした。言わば約婚している時に堕落したのです。約婚している時に堕落したため、血統転換の摂理は約婚から始まります。堕落の内容を蕩減し清算する意味を持っている祝福結婚式は、それぞれの儀式の内容とその順番が重要です。

祝福儀式は、「マッチング」に始まり、その後、「約婚式（聖酒式）」、「祝福結婚式」、「蕩減棒」、「聖別期間」を経て、「三日行事」までを言います。ここで聖別期間というのは、祝福結婚式後、家庭を出発するまでの40日期間を言います。

まず「約婚式」を行いますが、アダムとエバは約婚後に堕落したために、約婚した後に堕

祝福結婚式で聖水儀式をされる真の父母様

落したサタンの血統から神の血統に転換する摂理を成すことができるのです。そのため、まず約婚式がなされなければなりません。

聖酒は天と地と海を象徴する三種類以上の酒と、すべての万物を象徴する二十一種類の薬草からなり、真《まこと》の父母様の特別な祈祷によって作られています。真の父母様の犠牲の上に愛の勝利圏が打ち立てられ、初めて原罪清算のための聖酒が作られるようになりました。

聖酒式はサタン世界で生まれた人間が真の父母様によって、もう一度新たに生まれたという条件を立てる蕩減式です。女性が先に堕落したので、まず女性が復帰されなければなりません。

①まず真の父母様の代身者である司式者（夫婦）

に敬礼。

②司式者夫人（真のお母様の代身者）が真の父母様の作られた天一国聖酒の杯を司式者（真のお父様の代身者）に渡す。

③司式者が聖酒の杯を新婦に渡し、新婦は敬礼をして受け取り、半分飲んで聖酒の杯を新郎に渡す。（新婦は真のお父様と一つになり、霊的に本然のエバの位置に立つ）

④新郎は新婦に敬礼をして聖酒を受け取り、残りをすべて飲んだ後に新婦に聖酒の杯を返す。（天使長の立場から霊的に真のアダムに生み変えられた立場に立つ）

⑤新婦は司式者に敬礼をして聖酒の杯を渡す。

⑥司式者は聖酒の杯を司式者夫人に渡す。

⑦新郎、新婦が定められた手順で手を重ね、司式者は祝祷する。

神様と完全に一つになった本然のアダムとエバ、すなわち真の父母様と一つになる条件を立てることによって、新郎新婦は神様の愛と因縁を結んだ立場に立つのです。ですから、聖酒式は原罪清算式であり、血統転換式となるのです。先に女性が生み変えられ、そして男性を生み変えるという過程を通過する儀式です。

この聖酒式の後に、結婚式が行われます。真の父によって本然のエバの位置に復帰された女性と霊的にアダムとして生み変えられた男性とが、晴れて本来の結婚をするのが「祝福結婚式」です。

次に「蕩減棒」の儀式が行われます。アダムとエバが腰の部分を使って罪を犯したことを蕩減復帰するための儀式です。祝福を受ける前に犯したすべての罪、悪なる考え、悪なる生活、誤った男女問題など、すべてを清算する儀式です。

最初に男性が女性を三度打ち、次に女性が男性を三度打ちます。これによって蘇生期、長成期、完成期の三段階、旧約、新約、成約の三時代を蕩減復帰する条件となります。

愛する夫、妻を打つのは、再びこのような場面を迎えることのないように、相手を命懸けで守っていく決意を固める意味もあります。

既に結婚している夫婦が祝福を受ける場合は、もう一度、神様の承認のもとに、結婚をやり直す必要があります。既婚の夫婦が受ける祝福を既成祝福と言います。

(二) 聖別期間と三日行事

聖別期間

人類始祖アダムとエバの堕落以降、メシヤであるイエス様を迎えるまでの４０００年の聖書歴史は、堕落によって切れてしまった神様と人間との縦的な心情関係を回復していく歴史でした。40日聖別期間は、この４０００年を短縮した期間に該当します。この期間は、二人が再臨主である真の父母様との縦的関係を結ぶことを通して、神様との心情関係を回復していく重要な期間なのです。

40数はサタン分立数です。40という数的期間を通して、堕落によって侵入した悪や罪、遺伝的に受け継がれてきた先祖の過ちを清算していく意味があります。また、過去に愛の過ちがあったとすれば、それを悔い改めて清算し、心情を分別していく意味もあります。マッチング家庭、既成家庭を問わず、40日という聖別期間は絶対に必要です。

また、横的な心情関係を主管しながら、神様との縦的な心情関係を復帰する期間でもあります。この期間において、女性は真のお父様の娘の立場に立って、心情的に一体となり、本然の心情を啓発していきます。一方、男性は復帰された善なる天使長として、女性が神様、真の父母様と縦的な関係を回復していくことができるようサポートします。

まず、エバと天使長が犯した霊的堕落を蕩減復帰しなければなりません。女性は男性と夫婦愛を築く前に、本然のアダムの立場にある真のお父様を心から慕って一つになり、すべてを越えて真のお父様との縦的な心情関係を結ばなければなりません。そして、この聖別期間において、女性は真のお父様との心情関係において父と娘、兄と妹、そして新郎（夫）と新婦（妻）、父と母という心情を復帰していきます。

一方、男性は天使長の立場です。女性（妻）が本然のアダムである真のお父様を慕い、一つになることができるように協助することを通して、本来の天使長の使命を果たしていくようになるのです。

次に、エバとアダムとの肉的堕落を蕩減復帰しなければなりません。

男性と女性は、愛が十分に成熟してから夫婦関係を結んでいかなければなりません。すなわち、夫婦愛を結ぶ前に、子女の愛、兄弟姉妹の愛を備えなければなりません。相対関係を結びながら、本然の子女の愛、兄弟姉妹の愛を育んでいくのです。男性は女性に対して、母、姉に対する心情で接し、女性は男性に対して、息子、弟に対する心情で接します。そうすることによって、神様を中心として心情、愛を復帰していくのです。

三日行事

天使長と偽りの愛の関係を持ったエバは、その後、アダムと夫婦関係を結んでしまいました。エバは神様の愛と断絶された立場、神様の愛を破壊した立場で、アダムと実体的に愛し合ったのです。そのことによって、アダムは「サタンの愛の影響を受けて生み変えられた」立場に立ってしまいました。

その後、アダムとエバは子女を生みました。彼らは神様の愛ではなく、サタンの愛を中心として子女を生んだのです。神様の位置に、堕落したルーシェル（サタン）が代わりに立つようになったのです。

そして、アダムは実体を持つルーシェルの立場となり、ルーシェルは堕落したアダムの体を使ってエバと一つになりました。偽りの愛の中で、堕落したアダムの生命の種（精子）が堕落したエバの生殖器に送られ、そのエバの子宮で卵子と結合して、新たな生命が生まれました。この時、アダムはルーシェルの身体になっているので、新たな生命はルーシェルの子女になるのです。

偽りの愛と偽りの生命と偽りの血統が生殖器を通して一つに結ばれたのです。そして、ルーシェルを中心として、アダム、エバ、子女の四位基台ができたのです。

このように、堕落した世界における新たな生命の誕生は、すべてルーシェルが直接関与することとなりました。堕落人間は、堕落したルーシェル（サタン）を親とする子女の立場に立つようになったのです。そして、今日まで偽りの愛と偽りの生命、偽りの血統が相続されてきたのです。

この堕落の内容を完全に蕩減復帰しなければなりません。それを成すのが「三日行事」です。蕩減復帰は、堕落の経路と反対の経路によってなされます。女性が、神様と一体となった完成アダムと一つになることを通して、堕落の間違った関係を元返していかなければならないのです。そして、女性が神様の愛と因縁を結んだ立場で、男性と実体的な愛の関係を結ぶことを通して、その男性は「神様の愛によって生まれた」という本来のアダムの位置を回復するようになるのです。これが「三日行事」の意味するところです。「三日行事」は、「神様の愛に連結された女性が、男性と実体的な愛の関係を結ぶことを通して、その男性を本然の神様の息子として生みだす」という意味を持っています。詳しくは家庭を出発するための修練会で説明がなされます。

㈢ 結婚の目的

神様の夢は、愛の理想を実現することでした。しかし、愛の理想は、神様お独りで成すことはできません。愛や幸福、喜びは、独りで成されるのではありません。必ず相対圏がなければならないのです。

たとえ神様が絶対者であっても、独りでは幸福になることはできません。神様も、幸福を得るためには、必ず授け受けする相対が必要なのです。愛は神様も独りで成すことができません。愛は必ず相対的基盤を通じて成されるのです。

神様は、二性性相としていらっしゃるお方です。その神様に似せて実体対象として造られたのが人間であり、男性と女性に造られました。

神様から分立された二性性相が、愛で合わさって一つになり、神様に似ていくのです。男性と女性は、互いに半分でしかありません。ですから、女性は男性の世界を、男性は女性の世界を占領しなければなりません。そのようにすることによって完成するのです。

人間にとって貴いものとは何でしょうか。息子、娘であり、兄弟であり、夫婦であり、父母でしょう。人は子女の愛、兄弟姉妹の愛、夫婦の愛、父母の愛と、人生において四大心情圏、四大愛を体恤《たいじゅつ》していきます。愛の関係を持たなければ、愛の人格者になることはできません。人間として完成できないのです。ですから、結婚しなければならず、息子、娘を生まなければなりません。神様が善の息子、娘を創造されたので、人間も善の息子、娘をたくさん生んで、育てなければなりません。

男性と女性は、愛のために結婚します。なぜ愛のために結婚しなければならないのでしょうか。神様に会うためです。神様を占領し、神様と共に創造理想を完成するのです。

結婚は神様のためにするのです。言い換えれば、神様の創造理想を完成するためです。神様の創造理想は、自分を中心として完成されるのではありません。神様を主体として、神様と心情的に一体にならなければなりません。

二、本然の万物主管

(一) 万物主管の原則

神様が人間に下さった三大祝福は、「生育し、結婚して子供をもうけて家庭をなし、すべてのものを治めなさい」というものでした。神様の三番目の祝福が「万物主管」でした。神様がすべてを創造されたのですから、すべての被造万物は神様のものです。しかし、神様は無形であり、実体を持っておられません。実体のない神様は被造世界を直接主管することができないので、人間を通して主管しようとされたのです。それで人間を、万物を主管する立場に立てられたのです。被造万物は、神様と人間が真の愛で共同所有するように創造されているのです。

ところが、堕落によって人間は万物を自分勝手な欲望のままに使うようになってしまいました。万物は、公的に、より意義のある使い方をされたいと願っています。万物においても、原則は「ために生きる」なのです。万物自身も、ために生きてこそ、喜びを感じられるのであり、真の愛で主管されたいのです。

万物は、より公的に、神様のために、神の子のために、意義のある使い方をされたいと願っているのです。人間がこの原則を無視して勝手に万物を所有しようとすると、万物は反発するのです。

私たちが夫婦愛を育むうえで、もちろん甘い愛の言葉は必要ですが、万物を料理し、一緒に食べることも大切なことです。記念日や大切な日に、花や料理、贈り物など、万物を通して愛情を表現することができます。心情的な行き違いがあったり、気持ちを言葉にして表現できないときなどは、万物が二人の愛の媒介となることも多くあります。

㈡ 人間は万物の主管主

被造物はすべて神様によって創造されました。ですからすべての被造物は神様のものです。

自分の体や命も、すべて神様のものであり、父母を通して創造された（生まれた）のです。私のものは一つもありません。

人間は、神様に代わって万物を治める、「万物の主管主」に立てられました。ところが、堕落によって人間は自分を中心として万物を勝手に所有するようになってしまいました。サタンが人間を通して万物を主管したのです。

では、どうすれば万物の主管主の立場を復帰できるのでしょうか。まず「すべての被造物の所有権は神様にある」という大原則を理解しなければなりません。そして、すべての万物を自分のものとして使うのではなく、神様のものとして、神様の意思に沿って使用しなければならないのです。万物も、神様の創造目的のために、より公的に用いられることを願っているのです。

サタンが万物を通して人間を誘惑し、自己中心の欲望で万物を主管させてきたので、反対に、万物を神様に捧げることによってサタンを分立する条件を立てるようになったのです。宗教において献金、喜捨などが行われてきたのも、このような理由からです。

万物の代表的なものと言えば、お金です。お金は、私たちが生きていく上で、なくてはならないものです。夫婦にとっても、このお金の使い方が課題ではないでしょうか。

苦労の結晶であるお金を喜んで神様に捧げることは、万物の価値を生かすことになります。より公的な目的のために使われることで、万物は喜ぶのです。

神様に感謝して献金を捧げましょう。旧約時代、新約時代と、十分の一を神様に捧げることと、十一条が伝統となっています。この十分の一を捧げることを、大事な習慣として毎月積み重ねていくことが大切です。

神様との心情関係を回復するためにも、献金は大事なものです。万物を真の愛で主管し、精誠を積んでいく中で、神様との心情関係が深まっていくのです。毎日、毎月、感謝して捧げる習慣を続ける中で、「自分のもの」という自己中心の所有観念が少しずつなくなっていきます。

「私のものは、あなたのものであり、神様のものであり、全体のもの」という心情を復帰していくことが大切です。万物を正しく主管し、神様から願われた三大祝福を実現していきましょう。

【第二章のポイント】

①祝福結婚には、人間の堕落をすべて蕩減復帰する意味があります。

②祝福儀式には、それぞれ深い意味があります。聖別期間、三日行事を経て、天の公認を受けて家庭を出発します。

③結婚は、親なる神様に似るため、神様の創造理想を完成するためにします。

④神様を中心として万物を主管する祝福家庭になりましょう。

第三章

四大心情圏と私たちの責任

一、四大心情圏から見た創造・堕落・復帰

㈠四大心情圏について

愛と心情の関係性

神様は、「愛を通じて喜びを得ようとする情的な衝動」、「愛したくてたまらないという心情」から、被造世界を創造されました。愛の対象として、人間と万物を創造されたのです。この愛したくてたまらないという情的な衝動は、必ず愛の行動となって現れます。ですから、心情と愛は表裏一体の関係にあると言えます。

「父母の心情」、「夫婦の心情」、「兄弟姉妹の心情」、「子女の心情」の四つの心情を四大心情と言い、「父母の愛」、「夫婦の愛」、「兄弟姉妹の愛」、「子女の愛」の四つを四大愛と言います。

エデンの園のアダム家庭は、神様が理想とされた真《まこと》の家庭の典型となるはずでした。無形の神様が、家庭を基盤として実体として現れるようになっていました。アダム家庭を中心と

して、実体の子女としての真の愛の完成、実体の兄弟姉妹としての真の愛の完成、実体の夫婦としての真の愛の完成、そして、実体の父母としての真の愛を完成し、無限の喜びを感じようとされたのです。

人間は、子女として生まれ、兄弟姉妹の関係を結びながら成長し、結婚して夫婦となり、子女を生むことによって父母になります。このような三段階の過程を経ていくようになっています。四大心情圏と四大愛の完成は、家庭を基盤として成し遂げられるのです。

四大心情圏を喪失

人類始祖アダム・エバは、四大心情圏をどのようにして完成するようになっていたのでしょうか。

アダム・エバは結婚して、本然の夫婦となることによって、お互いが、息子（娘）の立場、兄・弟（姉・妹）の立場、夫（妻）の立場、父（母）の立場に立つことによって、四大心情圏を体恤《たいじゅつ》するようになっていたのです。

夫婦の愛は四大愛の中の代表愛と言えます。アダムとエバは、夫婦愛を通じて、子女の心情圏、兄弟姉妹の心情圏、夫婦の心情圏、父母の心情圏の四大心情圏を完成するようになっていました。

ところが堕落することによって、四大心情圏を失ってしまいました。子女の心情、兄弟姉妹の心情、夫婦の心情、父母の心情を失ってしまったのです。

(二) 四大心情圏を蕩減復帰

エバから蕩減復帰

堕落がエバから始まったので、蕩減復帰するためには、まず女性から「四大心情圏」の復帰が成されなければなりません。女性は真のアダムの立場にある真のお父様との心情関係を通して、四大心情圏を復帰します。さらに真のお父様を通して母としての心情を復帰し、天使長の立場にある男性を本然のアダムとして生み直さなければなりません。

祝福を受けた夫婦は、本然のアダム・エバの立場を復帰したならば、代表愛としての夫婦の愛を通して四大心情圏を復帰し、実体的に家庭的四位基台を完成していきます。

結局、真のアダムである真のお父様によらなければ、四大心情圏の復帰はできないのです。

「堕落した結果、どうなったかというと、エデンの園において神様から追い出されてしまった。……アダム・エバは子供を生んだのちに追い出されたのか、追い出されたのちに子供を生んだのか。これをはっきりしないというと、もとがはっきりしない。……答えは簡単である。堕落したのちに追い出されて、追い出されたのちに、二人でもって結婚を始めたということを否認することができない。そのため、サタンを中心として夫婦を組んだから、サタンの愛、サタンの生命、サタンの血統を相続するようになった。……堕落の問題は何か？　サタンを中心として淫行をしたことである。……

サタンの愛によって、サタンの生命、サタンの血統を受け継いだために、その後孫たる今までの人類は、サタンの血統圏に繋《つな》がれるようになった」（1992年8月24日）

堕落においてエバは、天使長と偽りの愛の関係を持ち、その後、アダムと夫婦関係を結びました。エバは、神様の愛と断絶された位置、神様の愛を破壊した立場で、アダムと実体的に愛し合ったのです。そのことによってアダムは、「サタンの愛の影響を受けて生まれた」位置に立ってしまいました。その後、アダムとエバは子女を生んでいきました。

すなわち、サタンの愛を中心として、生命を生み出し、それが血統を通して相続されていくようになったのです。これが、堕落です。

その結果、すべての人間は、サタンの血統のもとに生まれ、サタンの愛の影響を受けざるを得なくなったのです。人類歴史は、人間始祖アダムとエバが夫婦の出発を誤ることによって、神様と世界全体が悲劇を迎えるようになったのです。

サタンの血統を神様の血統に転換するためには、堕落と反対の経路を通過していかなければなりません。もう一度、神様とつながる道は、血統転換の道しかないのです。神様の愛と生命と血統を持ったメシヤ（真の父母）と、真の愛によって心情一体化することによって、真の生命に生み変えられ、その方の真の血統に接ぎ木されることによってなされるのです。

夫婦愛を通して心情復帰

父母の心情、夫婦の心情、子女の心情、兄弟姉妹の心情の四大心情圏は、家庭の中で展開されます。真の父母様は「愛も成長する」と語られました。子供から大人へと成長していくにつれて、愛も成長していくというのです。

では、それぞれの心情について考えてみましょう。

最初に、子女の心情です。子女の心情は、父母が教えてくれるものでもなく、学校で習うものでもありません。子女のために喜んで犠牲となり、献身的に尽くす父母の真の愛を通して体恤し、悟るのが子女の心情です。

次に、兄弟姉妹の心情です。兄が弟、妹に対して、あたかも父母が愛するような心情で面倒を見、ために生きます。そして弟は兄や姉に対して、父や母を敬い侍《はべ》るように愛します。お互いに良い点は育て、学び合い、足りない点を補い合って、真の兄弟姉妹の愛を育むのです。誰も引き離すことのできない血を分けた兄弟姉妹の愛であり、心情圏なのです。

そして、夫婦の心情です。四大心情圏を中心として見てみるとき、夫婦はお互いが自分を完成させてくれる絶対的な存在です。夫は、妻に神様の息子を迎えさせる立場であり、天の兄・弟を迎えさせる立場であり、天の夫を迎えさせる立場であり、天の父を迎えさせる立場です。妻も、夫に神様の娘を迎えさせる立場であり、天の姉・妹、天の妻を迎えさせる立場に立つのです。

父母は子女を生み、天の子女として養育しなければなりません。そのようにすることで、無形の神様がアダムとエバを養育した、その真の父母の心情を体験して相続できるのです。見えない神様の創造の役事《やくじ》を、自分たち夫婦を中心として、息子、娘を養育しながら体験するのです。真の父母様が第二創造主であり、私たちは第三創造主となる栄光を受けるようになるというのです。

結婚するその時に、子女の愛と兄弟姉妹の愛と夫婦の愛、三つの愛が結実します。この三つの愛の基盤の上に、父母が立つのです。

子女の愛、兄弟姉妹の愛、夫婦の愛、父母の愛の中で、代表となるのが夫婦の愛です。夫婦の愛は、神様の陽性と陰性の愛、人類の男性と女性の愛、ひいては全宇宙の陽性と陰性の愛を代表します。夫婦の愛の中には神様の愛だけでなく、人間を含む全被造世界の愛が内包されているのです。夫婦の愛は、神様の愛と家庭的愛と被造世界の愛を総合的に網羅した総合愛なのです。

四大愛、四大心情は家庭を基盤として成されます。四大心情圏の基本形は、家庭的四大心情圏です。全人類が真の父母を中心として大家族を成すのが本然の人類世界の姿です。創造理想世界における人類社会は、家庭を拡大した、拡大形としての大家族社会です。

二、人間の責任分担と堕落

(一) 責任分担とは

人間に与えられた責任分担について考えてみましょう。

神様が人間始祖のアダムとエバを創造して与えてくださった戒めは、天が許諾する時までは、お互いの「性」を絶対に守りなさいというものでした。第一祝福である個性完成を成すためには、絶対「性」が重要な要因なのです。

真のお父様は、「夫婦間において、生命よりも貴く守るべきモデルとしての絶対『性』、すなわち絶対貞節の天法です。絶対『性』を中心として家庭の枠組みの中でこそ、祖父母、父母、子女、孫と孫娘、このように三代圏を含む、人間の本然の理想的モデルとしての『性』

関係が創出されるのです」と語られています。第二祝福である家庭完成も、絶対「性」が重要な要因になるのです。

真のお父様はまた、「善悪の実を取って食べれば必ず死に、取って食べずに天の戒めを守れば、人格完成はもちろん、創造主であられる神様と同等な共同創造主の隊列に立つようになり、さらには、万物を主管し、永遠で理想的な幸福を謳歌《おうか》する宇宙の主人になる」と語られています。

「万物の主管位に立つためには、神様の創造理想のモデルとしての絶対『性』を相続しなければならないという、深い意味が隠されていたのです」とも語られているように、第三祝福である主管性完成も絶対「性」が重要な要因になるのです。

私たちが果たすべき責任分担とは、分かりやすく言えば、真の子女になることであり、次に真の兄弟姉妹になることであり、結婚して真の夫婦になることであり、子女を生んで真の父母になることです。

息子、娘は、父母から生まれて子女になり、兄弟姉妹の関係を結びながら成育し、結婚して夫婦になり、子女を生んで父母になります。

それは、神様がアダムとエバを創造されて喜ばれた、その事実を内的、外的に私たちも体験することなのです。

天の国に入る人は、責任分担を完成して、真の父母の子女になり、神様の愛を受けられる位置に立たなければなりません。そのような立場で、愛を受けながら暮らした人々が行く所が天国なのです。

(二) 神様を中心に夫婦が一つになる

1998年7月22日からブラジル・ジャルジンで開催された「世界平和と理想家庭のための40日特別修練会」(第1回ジャルジン修練会)に参加しました。その時、真のお父様から夫婦のあり方を直接教わりました。

真のお父母は、修練会の最初に「本当は一家庭に一部屋ずつ準備する予定だったんだよ!でも、間に合わなくてすまないね」と挨拶され、父親が子供たち夫婦に語り掛けるようにみ言が始まりました。40日間、訓読会を中心に、朝に夕に真の父母様から貴重な教えをたくさ

み言を語られる真のお父様

ん頂くことができました。その時体験したことを少し紹介させていただきます。

「あんたたち、どんな夫婦生活をしてきたの？」。真のお父様は、私の顔を覗《のぞ》き込んで、すべてを知っているという雰囲気でいろいろな話をされました。

「会えない時は、会いたい、慕わしい気持ちがいっぱいで、ずっと夫を慕いながら生活し、会った時は布団の中で爆発的な夫婦生活をするんだよ！」

実はその時、私たち夫婦は単身赴任で離れて暮らしていたのです。本当に驚きました。

あっという間に40日が過ぎ、修練会の終盤に来た時、不思議な体験をしました。

夫に対して愛情が増し、一時も離れたくない心境になったのです。夫に靴を履かせてあげたい、脱がせてあげたい、顔を洗ってあげ、拭いてあげたいと、何でもしてあげたくなりました。ついに、もう自分の肉体は要らないという心境にまでなってしまいました。彼の体に入って、彼の口で食べて、彼の目で訓読し、彼の血液になって一つになりたいと強く思うようになったのです。

そのような感覚を味わいながら、なぜかそこに、神様がいて球形運動をしながら、遥《はる》か高く引き上げられる感覚がして、「もしかしたら、ここは霊界ではないか!?」と思ったほどでした。

この時、「夫と自分が神様と一つになる」実体験をさせていただいたのです。夫婦が一つになるとは、このようなことなのだと痛感する、強烈な体験でした。

その後、遠くにいても、お互いが全く同じことを考えていたり、時空を超越して理解し通じ合うということをたくさん経験させていただきました。

修練会の最後に、真の父母様は、「家族には家族写真があるでしょう! 一緒に写真を撮りましょう」と、お疲れの中、一家庭ずつ写真を撮ってくださいました。

【第三章のポイント】

①四大心情圏、四大愛についてよく理解しましょう。
②四大心情圏を復帰し完成できるのが祝福家庭です。
③互いのために生き合う夫婦になりましょう。
④夫婦の愛によって神様の心情を体恤することができます。
⑤人間の責任分担は「戒め」を守ることであり、絶対「性」を守ることです。

第四章

祝福家庭の信仰生活と礼典

一、祝福家庭の信仰生活

㈠ 侍《はべ》る生活

真《まこと》のお母様は２０１４年12月、米国・ラスベガスにおいて「侍る生活」について指導してくださいました。「成約時代は侍義の時代です。真の父母に侍る生活を実体的にしなければなりません」とされ、次のように語られました。

「皆さんは日常生活において、朝起きれば何よりもまず、父母様に『ありがとうございます』と敬拝して一日を始めるのです。朝御飯を食べるときには、最初のさじを持ちながら『父母様、先にお召し上がりください』と言い、日課を終えて床に就く前には、『父母様、明日のために今晩は休み、また新たに出発します。父母様もゆっくりお休みください』と言うのです。このように一日二十四時間、皆さんの頭から、胸から、真の父母様が離れてはなりません」

(二) 訓読生活

私たちがみ言《ことば》を訓読する目的は、み言の本体であられる神様に似るためです。そして、自分が第二の真の父母になるために訓読会をするのです。熱心にみ言を訓読すれば、神様が共にいらっしゃり、善霊が再臨して役事《やくじ》する道も開かれるのです。

家庭の中心に神様をお迎えし、父母と子女が完全に一つになるために、毎日み言を訓読しましょう。そして、それを習慣化するのです。

「神様のみ言はみ言、自分たちは自分たち」、これではいけません。私たちは、神様のみ言の実体にならなければならず、神様の心情が、私たちの心情にならなければならないのです。

「訓読会を通して、訓読家庭が完成します。訓読教会で再び重生、復活、永生してこそ天国に行くのです。家庭から天国に行かなければならないというのです。その家庭から行くべきであって、他の所からは天国に行けません。家庭で平和と天国を成し遂げてから行かなければ

なりません。それは地上でするのです」（天一国経典『天聖経』第九篇「家庭教会と氏族メシヤ」より）

夫婦で時間を決めてみ言を訓読することを生活化しましょう。共に同じみ言を訓読し、そのみ言を通して感じたこと、確認したことをお互いに話し合うようにしましょう。

訓読は、天一国経典を中心に行いましょう。真のお母様は、天一国経典の編纂《へんさん》を通じて、神様と真の父母様の伝統を確立するための環境造成にこの上ない精誠を尽くされました。

天一国経典『天聖経』は、八大教材・教本『天聖経』の内容と、２０００年以後に真のお父様が語られた内容を合わせて新しく編纂されたものです。

『平和経』は、真の父母様が人類を愛し、世界平和を実現するために世界各地でなされた大会での講演文を集めたものです。

『真の父母経』は、真の父母様の生涯路程と業績を盛り込んだものです。

「伝統をどのように立てなければならないのでしょうか。先生の生きてきたすべての内容が、伝統です。ですから、伝統を伝授するために訓読会を始めているのです。訓読会のみ言は、過ぎ去っていく言葉ではありません。皆さんが地上に着地できる、あらゆる実践教材であることを知らなければなりません。

伝統を相続しなければなりません。そして、伝統を知って実践しなければならないのです。その伝統は、昼も夜も受け継がなければなりません。その伝統を受け継がせるための教育が、訓読会です。伝統を教育する場所なので、それを知れば、先生と天が苦労したその道に拍子を合わせて行動し、自分自身の国と家庭を設定しなければなりません。これは非常に重要なことです。誰も干渉してくれません。皆さん自身が中心にならなければ、霊界が協助できる時代も過ぎ去っていくことを知らなければなりません」(『御言訓読と霊界動員』より)

二、祝福家庭の礼典生活

(一) 礼拝

礼拝には夫婦で、家族で、一緒に参加しましょう。礼拝後には、夫婦で恩恵を交換しましょう。説教を聞いて感じたこと、思ったこと、あるいは決意したことを語り合うのです。同じ説教を聞いても、受け止め方は人によって、あるいは男性と女性では違うものです。よく話し合うことで、恩恵も深まります。そして、一週間の目標などを夫婦で確認し合います。それぞれが目指している目標を共有することで、心を一つにすることができます。

もし、諸事情で礼拝に参加できないときには、後からでもその内容を学習しましょう。

献金を捧げるときは、夫婦で必ず話し合って、心から感謝して捧げましょう。

十一条献金をするとき、特別献金のときなども、よく話し合ってから捧げましょう。誰かに言われてするのではなく、祝福家庭として、その内容をしっかり確認して、喜んで捧げましょう。

夫婦の財布は一つにして、二人でよく話し合うことを習慣にしましょう。「財布の危機は夫婦の危機である」と警鐘を鳴らす人もいます。長い人生を共に歩むのですから、秘密をなくし、よく話し合い、相談するように努めましょう。

㈡ 安侍日《アンシイル》

２００４年、44周年「真の父母の日」は、四数を四つ重ねた日で、この日、四位基台を完全に復帰した条件が立ちました。そのことにより、神様が安息できるようになり、真の父母様は「安息日」の七数を越えていくことを宣布されました。

八数は再出発を意味します。それで、翌日から八日目ごとに「安侍日（安着侍義の日）」を設定してくださり、「この伝統を守るように」と語られました。

安侍日には敬拝を捧げます。夫婦が一つになって、二人で捧げましょう。

真の父母様は、「侍るといっても、ただ侍るのではありません。神様が臨在され、家庭に入ってきて安着した立場で侍ることによって、神様と一緒に生活できる、釈放圏が成されるのです」と語られています。「侍る」とは、「家庭に神様をお迎えする」ということです。

その侍義生活とは、どのようなものでしょうか。真の父母様は、次のような内容を語られています。

「漠然と頭だけで知り、数学の公式を覚えるようにして理解する神様ではなく、私たちの心臓に、そして骨髄の中にまで神様の存在を刻み付けるように、神様の実存を皮膚で感じて生きることです」

「皆さんは、侍る生活をしなければなりません。私たちの生活圏内の主体者として、神様に侍らなければなりません」

「皆さんは、神様がいらっしゃるということを、一日に何度自覚しますか。二十四時間中に、何度、神様がいらっしゃるということを感じますか。侍ることによって、救いを受けようという人が、二十四時間中の、一、二時間程度、侍ればよいのですか。空気よりも切迫して必要なものが、神様です。御飯よりも、もっと貴重なものが神様です」

「安息日を撤廃したこの期間において、私たちはすべての日を安息日に変えなければなりません。皆さんは毎日敬拝をし、子女を教育しなければなりません」

このように、神様に侍るということは、生活の中でなされることなのです。

「統一教会では、神様が人間の家庭の中で、人と一緒に喜んで暮らすことを願われると言います。私たちが愛を授け受けするのを学ぶ所も、調和の喜びを創出し、育成し、体恤《たいじゅつ》する所も正に家庭なのですが、これが信仰の核心です」（天一国経典『天聖経』第五篇「真の家庭」より）

(二) 家庭祭壇

今は、永遠なる神様が家庭に臨在し安着した場で侍ることによって、神様と一緒に生活できる、本格的な「安着時代」を迎えたと言うことができます。

本格的な安着時代を迎え、それぞれの家庭において「訓読生活」を始めることからスタートします。

そして次に、それぞれの家庭に真の父母様の「真尊影」を中心とした「家庭祭壇」を設けます。

「皆さんが家庭をもったとすれば、必ずそこには神聖な聖所がなければなりません。昔、エルサレムの聖殿に聖所と至聖所があったように、至聖所のような、実際に侍る所をつくらなければなりません」（『愛天愛人愛国』より）

家庭を出発する時には、まず家庭の霊的中心として至聖所のような「家庭祭壇」を築くことが願われています。

家庭祭壇の設置の仕方については、『祝福家庭のための侍義生活ハンドブック』（51―53ページ）を参照してください。

「すべての家庭に先生の尊影を与え、旗を与えたのは何のためですか。それは、実体で父母に侍るのと同じであり、実体の国の旗を掲げるのと同じです。ですから貴いのです。その家庭は、神様が保護されるようになっています。自分のすべての先祖たち、そして霊界にいる自分の親戚とすべての善霊たちが、霊界に入っていかずに、ここを地上基地として、いくらでも拡張することができるのです。一族がいるので、それが可能なのです。そのようにな

れば、サタン世界が占領していた基地を、あっという間に占領してしまうでしょう」（『真の愛の生活信条―愛天愛人愛国』より）

「皆さんは、真の父母様の尊影がどれほど良いか、よく分かっていないというのです。その尊影は、すなわち真の父母様なので、その前でいい加減な話をすることはできません。息子、娘をたたくことはできず、夫婦げんかをすることはできないのです。悪い行動をすることはできないので、家庭が和合して喜ぶようになるのです。そして、真の父母様の尊影を掲げることによって、その家庭に霊界の先祖たちが協助できる基台が備わります。アダムとエバが結婚するとき、神様が降りてこられるのと同じように、完成時代に入っていくので、皆さんの先祖たちが皆さんの家庭を中心として活動するのです」（『御言訓読家庭教会と神様の祖国創建』より）

【第四章のポイント】

①祝福家庭の生活は、家庭に神様を迎えて共に生活する「侍義生活」です。
②神様に似るため、第二の真の父母となるために、家庭で訓読会をしましょう。
③天一国の三大経典を中心に訓読する。
④安侍日・礼拝を守りましょう。
⑤家庭祭壇を中心として侍る生活をしましょう。

第五章

夫婦生活に対する神様の計画

一、夫婦の家庭生活に対する神様の計画

㈠ 絶対「性」と神の血統

神様は愛の理想を実現するために、アダムとエバを創造されました。無形の神様は、真《まこと》の愛を実体化し、それを味わおうとされたのです。そのために、アダムとエバの体を衣服のようにまとって地上に住みたかったのです。

愛の理想を実現するために、男性と女性が夫婦となり、一体となります。その一体となる場所が生殖器なのです。ですから、私たちにとって大変重要なのが絶対「性」です。

絶対「性」はどこから出発したのでしょうか。神様ご自身からでした。神様ご自身に「性」があるのです。

『原理講論』には「神様は本陽性と本陰性の二性性相の中和的主体である」とあります。その神様の二性性相の似姿である人間も「性」があり、神様の象徴的実体対象である万物も、陽

性と陰性の二性性相から成っています。それはもともと神様に陽性と陰性の二性があるからです。この二性を結び付けているのが「愛」であり、「性」です。男性と女性、夫と妻を結び付けるのは「愛」であり、「性」なのです。

愛の主人は誰でしょうか。愛は自分自身から始まるのではなく、相対から始まるのです。ですから、相対が愛の主人となるのです。女性は子供をもって、初めて母の愛が湧き上がってくるのを感じます。愛する対象がいて、初めて愛が生まれてくるのです。

夫には妻が絶対に必要であり、妻には夫が絶対に必要です。夫婦は相手を絶対視しなければなりません。

「取って食べてはいけない」という戒めを守り、罪を犯さないというだけでは、創造目的は完成しません。間違った愛の関係を結んではいけないという、「戒めを守る」だけでは完成することはできないのです。神様の創造理想は「愛の完成」ですから、人間は愛を完成したという領域まで成長しなければなりません。

夫婦が一体化するということは、内的（性相的）には、愛し合うことによって一体化することであり、外的（形状的）には、夫婦が性的に一体化することです。

生殖器の主人

かつて過激な性教育推進派の一人、山本直英《なおひで》氏がフリーセックスにつながっていく思想を推進していました。

彼が監修した『おとなに近づく日々』の中で、「性器は自分のもの」、「あなたがいつ、誰と性交するかは親や教師がきめることではなく、あなた自身がしっかり決めることです」などと教えています。これを「性の自己決定」と言っています。

それに対して、真のお父様は「宇宙の根本を探して」のみ言《ことば》の中で、「あらゆる男性たちは、それ（生殖器）が自分のものだと考え、またあらゆる女性たちも、それ（生殖器）が自分たちの所有だと考えたために、世の中がこのように滅びつつあるのです」、「アダムとエバは、自分たちの生殖器が自分たちの所有だと錯覚したのです」と語られています。

「生殖器は自分のもの」という考え方は間違っているのです。

男性と女性の生殖器の主人は誰でしょうか。夫の生殖器の主人は妻であり、妻の生殖器の主人は夫です。

すなわち、生殖器は、「生殖器の主人」と出会い、「生殖器の主人」の許しを受け、「生殖器の主人」だけのために使用するのが原則です。生殖器は夫婦がお互いに望むときにのみ使用することができるのです。自分が願うからといって、一方的に、強制的にする愛の行為は、絶対「性」ではありません。夫の生殖器の所有権は妻にあり、妻の生殖器の所有権は夫にあるのです

ですから夫婦は、愛の行為をする前によく対話をして、心情の交流をしなければなりません。

最も貴い生殖器

夫婦が愛し合うということは、性的にも一体化することとです。心と体が一体となって人格が築かれるように、夫婦の真の愛と絶対「性」が一体となったところから真の喜びと幸福が生まれてくるのです。

真のお父様は、「縦的な神様の愛は直短距離（最短距離）を通る」と語られています。神様の愛は縦的な愛です。この垂直に降りてくる縦的な神様の愛に対して90度の角度で出会うには、横的な愛、水平な愛でなければなりません。それは夫婦の愛以外にはないというのです。

縦的な神様の愛と横的な夫婦の愛が90度の角度で交わる点から、真の愛（子女の愛、兄弟姉妹の愛、夫婦の愛、父母の愛の四大愛）が完成していくのです。

生殖器は最も貴いものです。そこから神様の創造理想が展開されるのです。真の愛、真の生命、真の血統が、生殖器から始まるのです。

そうであるがゆえに、サタンも生殖器を狙うのです。サタンは人間の生殖器を蹂躙《じゅうりん》して奪い、偽りの愛、偽りの生命、偽りの血統を生み殖《ふ》やしてきたのです。サタンは今も生殖器を狙い、不倫の愛、不義の愛で人間を主管しようとしているのです。

「その堕落した血統には、先祖たちが死なずに、今も生きて、生殖器にうようよしているのです。手なら手にも、先祖の血統がかかわっているのです。自分の生殖器にくっついて子女を繁殖するその種が、一番良い先祖の種なのか、悪い先祖の種なのかということを、いつも考えないといけないのです。堕落は遠い昔の話ではなく、今も私の身体に息づいているのです。

絶対血統と絶対生殖器！『純潔』と言えば、『絶対、唯一、不変の血統』と『絶対、唯一、不変の生殖器』と言えばよいのです」（2001年2月18日、ベルベディアの礼拝で）

㈡ 愛の完成が四大心情圏の定着点

縦的な神様の愛と横的な夫婦の愛が交わるこの一点で四つの愛、すなわち「四大心情」のすべてが完成するので、この点を「四大心情圏の定着点」と言います。

この「四大心情圏の定着点」こそ、真の愛の本宮、真の生命の本宮、真の血統の本宮です。創造理想が完成する所であり、神様が安着する所なのです。

夫婦が一体となるその場に、神様は永遠に住まわれるようになります。神様が共に住まわれる場は聖なる所ですから、夫婦の性関係は、神聖なものであることが分かります。ここに「性は聖なり」という明確な結論が出てくるのであり、絶対「性」という概念が出てくるのです。

「神様は、『皆さんは毎日のように愛し合いなさい』と言われるでしょうか、『毎日のように、けんかをしなさい』と言われるでしょうか？（「『愛し合いなさい』と言われます」）。それでは、皆さんはいつも愛し合っているのですか？　いつもですか、毎日ですか？（笑い）毎日ですか、毎時間ですか、毎分ですか？（笑い）毎時間、愛し合えるかどうかは分かりませんが、毎日、そのように愛し合いなさいというのです。愛すればよいのです。愛し合うのをご覧になって、神様が『ははは』と、ひっきりなしに笑われます」（１９９９年12月26日、「真の父母様の摂理観的責任完遂」より）

愛する夫婦が関係を結ぶ生殖器は、愛の王宮だというのです。真の愛の王宮です。真の愛が出発する所なのです。

堕落する前の本然の観念で見るならば、生殖器は愛の王宮だというのです。生命の王宮、血統の王宮です。愛を中心として男性と女性が一つになる、そこに生命が連結して血統が受け継がれるのです。

真の父母様は、「結婚初夜の夫婦関係の瞬間において、夫が完成されるのであり、妻も完成され、夫婦の愛が完成するのです」と語られています。

結婚初夜の夫婦関係、初愛の瞬間において「愛の完成」が成されると強調されているのです。

神様の愛と人間の愛が出会う一点とは、夫婦が愛し合う場です。夫婦は、内的には愛によって一つになることで喜びを感じ、外的には性的に一体化することによって肉体的な喜びを感じます。心だけでいくら愛し合っても、完全な喜びは得られません。心と体が一体となってこそ人格が確立できるように、喜びも、心の喜びと体の喜びが一つになってこそ、真の喜びを感じることができるのです。

すなわち、夫婦が真の愛で性的に絶対的に一体となったときにこそ、心も震え、体の細胞も震えて、二人が溶け合うようになり、真の喜びと幸福が生まれてくるのです。

真の愛で結ばれる中で、アダムの生殖器から精子がエバの生殖器に送られ、それがエバの子宮で卵子と結合した瞬間、新たな生命が生まれます。

この時、アダムは完全に神様の体になっているので、アダムの精子は神様の精子（種）であり、新たな生命は神様の血統を引き継いだ、神様の子女になるのです。

この時、エバも神様と一体になっているので、「神様はアダムとエバの体を使われる」と言うこともできます。この時、生殖器において愛と生命と血統が一つに結ばれるのです。

㈢ 神様の願いは家庭的四位基台

四位基台は神様の永遠の創造目的です。堕落がなければ、神様を中心として男性と女性が愛し合うことによって子女を繁殖し、「家庭的四位基台」が造成されるはずでした。

神様は男性と女性の体を使って、ご自身の血統を生み殖やそうとされたのです。そして、彼らから神様の息子、娘が生まれて成長し、完成して夫婦になったなら、神様はその二人の体を使って、ご自身の血統をさらに生み殖やされます。新たな生命の誕生には、神様が直接関与されるのです。生まれてくる子供は、神様の血統を受け継ぐのです。ですから神様とすべての人間との関係は「親子」なのです。

『原理講論』は、神様について次のように説明しています。

「神は本性相と本形状の二性性相の中和的主体であると同時に、本性相的男性と本形状的女性との二性性相の中和的主体としておられ、被造世界に対しては、男性格主体としていまし給う……」

神様はご自身に似せてアダムとエバを創造されました。人間は神様に似て、性相と形状を持っています。それが心と体、あるいは霊人体と肉身です。

アダムは神様の本性相と本形状に似た、霊人体と肉身を持った男性です。「(無形の)神様は被造世界に対しては男性格主体である」というのは、男性が神様の立場に立ちえるという意味でもあります。アダムは神様の立場であり、エバは神様の妻という立場です。

神様と結婚し、神様に愛されて、神様の子供の種をもらって神様の子供を生み、神様の血統を生み殖やしていく。それが女性の役割とも言えるわけです。

二、神様が願う祝福家庭の夫婦像

(一)神様が喜ばれる立場で愛し合う

妻として

神様はどのような夫婦を願われるでしょうか。

妻は夫の前に「妻である」と思うだけではなく、母親のような心情を持つべきです。女性には聖霊の役目があるといいます。聖霊は赦《ゆる》しと癒やし、慰めなどを与えます。それは母親の持つ温かな心情です。

例えば、夫が失敗して帰ってきたとき、「また失敗したの！」と言うのではなく、「あなたの心を理解していますと慰労してあげなければならないでしょう。夫が社会に出て仕事をすれば、多くの困難があるでしょう。腹を立てたり、自信をなくしたり、いろいろな心情を通過することでしょう。

妻は、常に「喜んで迎える」ことを第一にしましょう。失敗したり悪いことがあったなら、慰労してあげるのです。そして男性として主体的でありたいという心情を尊重し、尊敬していることを言葉や態度で示すのです。

そして、夫に「美しい女性」を見せてあげることも大切です。そのために、肌や体を美しく管理するのです。着飾るというのではなく、清く美しい姿を見せるのです。

夫から夫婦生活を望まれたら、拒まないようにしましょう。「きょうは疲れているから」、「あすは早いから……」とさまざまな事情を言って断ると、夫は拒絶されているように感じてしまいがちです。「いつでもあなたの願いに応えます」という心情で夫婦生活を円滑にするために努力することも必要でしょう。神様が訪ねてくださる時間ですから、断るということはあってはならないことなのです。

女性はどちらかと言えば受動的なので、「夫婦生活をしましょう」と積極的に行動することはあまりないでしょう。夫が性生活を求めてくる時に、夫のペースに合わせることによって女性は喜びが啓発されるようになっています。夫を心から尊敬し、夫婦の信頼関係を深めるよう努めていきましょう。

夫として

まず、どんなことがあっても妻に手を上げてはいけません。カッとなって物を蹴飛ばしたり、投げたりしてもいけません。腹が立った原因が何であるかをよく考えてみてください。そして自分の胸の中で、その怒りを収めなければなりません。男性より女性は弱いのです。男性が弱い女性に手を上げたら、女性はどうやって生きていけばよいでしょうか。女性が自分の代を継ぐ息子、娘を生むのです。常に妻をいたわり、感謝の言葉を掛けましょう。

また、他の人の妻や他の家庭と比較しないようにしましょう。それぞれ個性真理体として創造されているのです。良い所を探せばたくさんあります。そういうところから愛が芽生えてくるのです。また夫婦は〝夫婦真理体〟とも言えます。他と比較するものではありません。なぜ夫婦がけんかをするのでしょうか。お互いが愛を受けようとするからではないでしょうか。お互いが愛を受けようとすると長続きしません。しかし、お互いが愛そうとする家庭、お互いがために生きようとする愛は永遠なのです。

結婚は、ただ婚期が来た男女が出会って一緒に暮らすことではありません。結婚は愛と奉仕の上に成り立ちます。男性は女性のために生き、女性は男性のために生きなければなりません。絶えず相手のために生きるのです。女性と男性が出会って、楽しむのが愛ではなく、相手に命を捧げようとするほどに尽くすのが愛です。

(二) 四大心情圏を体恤《たいじゅつ》する

夫婦であらゆる心情を体恤

夫婦は互いを神様のように思って対さなければなりません。そして、父母の愛、夫婦の愛、兄弟姉妹の愛、子女の愛を夫婦の間で感じなければならないのです。

世界のすべての男性と女性を見るとき、女性から見れば、世界の男性は父と同じであり、兄と同じであり、弟と同じです。また男性から見れば、世界の女性は、母と同じであり、姉であり、妹と同じなのです。

夫は、自分の姉を頼っていたように妻に頼り、母に頼っていたように妻に頼るのです。また妹をいたわり愛したように、妻をいたわるのです。妻を、母のようであり、姉のようであり、妹のように感じなければなりません。

また妻は、夫に対して、父のようであり、兄のようであり、弟のように感じなければなりません。

アダムとエバは、神様を中心として兄妹《きょうだい》の立場でした。エバはアダムを兄として、アダムはエバを妹として、お互いを見つめていました。そして時が満ちたなら、二人は神様を中心として夫婦の愛を結ぶようになっていました。

しかし、神様が願われる基準で愛を交わすことができませんでした。夫婦の愛を成し遂げることができませんでした。本来、夫婦の愛は、妻からは母のような愛、姉のような愛、妹のような愛も感じ、夫からは父のような愛、兄や弟のような愛も感じられるようになっていたのです。このような基準で夫婦の愛を結び、四大心情圏を体恤できれば、その家庭は幸福にならざるを得ません。

夫婦は、神様の家庭において子女が一つになった立場であり、兄弟が一つになった立場であり、夫婦が一つになった立場であり、父母が一つになった立場です。

四大心情圏を中心として見るとき、夫婦は互いに自分を完成させてくれる絶対的な存在なのです。夫は妻に天の息子を迎えさせる立場であり、天の兄弟を迎えさせる立場であり、天の夫を迎えさせる立場であり、天の父を迎えさせる立場なのです。妻も同様に、夫に天の娘、姉妹、妻、母を迎えさせる立場なのです。

夫を最高の夫にするのは妻であり、妻を最高の妻にするのは夫なのです。

夫婦生活の絶頂に神様が臨在

神様はいつ、どこに、どのように臨在されるのでしょうか。

神様が垂直に降りてこられる時、神様はどこに現れるのでしょうか。神様が臨在する時というのは、夫婦が夫婦生活をし、心と体が一つになって、愛と性の絶頂において、夫婦が完全に一体となる、その瞬間なのです。夫婦の性生活のその時間こそ、神様が共にある時間だというのです。

李相軒《イサンホン》先生が霊界から送ったメッセージによれば、統一霊界の天国圏という高い霊界にいる霊人たちは、多くの人の目の前で、何の恥ずかしさを感じることなく、愛の生活をするといいます。花の中で、波の中で、海の中で、まぶしいほどの光に包まれてするというのです。

地上生活でそのような愛の生活を体験しない限り、霊界で何の恥ずかしさも感じない、神様が直接、降りてこられるような完成した夫婦にはなれないのです。

アダムとエバが隠れて行った、堕落の夫婦生活ではなく、神様を中心として、何も恥ずかしくない、「神様、どうぞ来てください、見てください」と言えるような夫婦生活の中に神様が直接、臨在されるというのです。

神様がつくられた愛と感動の夫婦生活です。私たち祝福家庭の夫婦生活は、どれほど貴いでしょうか。

三、夫婦生活での肉体的適応

(一) 男性と女性の違い

真の父母様は女性の健康のために、夫婦の性生活で絶頂感を感じることが「絶対に必要」であると語られています。

「夫婦生活においては、女と男は時間が違うのです。男より女が五倍も遅いのです。遅い人は二倍から五倍以上になるのです。ですから、夫婦生活においても、夫婦生活の味を知らないで一生涯を終えて死んでいく女がいるのです。それは、男の罪です。夫婦生活が満足でなかった場合には、一日中、一カ月、その余波が続くのです。女の健康のため、生理的にも絶対に必要なことです」（1993年12月21日）

夫婦生活は健康の根源です。夫婦が一心一体になって最高の喜びを感じることは「必須健康法」だとも語られています。

「男性と女性が愛するという時は、男性だけが愛するのではありません。女性も同じく愛する立場なのです。男性の生命と女性の生命が結ばれるのです。男性の血統と女性の血統が結ばれるのです。この三つの中で一つだけなくても子供はできません。男性と女性が愛しながら、血が熱くなれば、生命が発するのです」（１９９０年2月26日）

男性は、興奮期・上昇期を経て、射精の準備が整うと、尿道周辺の筋肉が素早く収縮するようになり、その力によって射精を行います。この時期をオーガズム期といいますが、この直後は無反応になり、勃起も射精もありません。

一方、興奮期に性的な刺激を受けてオーガズム帯が形成された女性も、オーガズム期に入ります。オーガズム期の女性の性反応は、オーガズム帯や子宮が速い速度で収縮し、呼吸も早くなり、血圧も上昇します。男性と違って女性は、何度でも、オーガズムを感じることができます。

オーガズムを終えた男性は、射精後、急速に元の体に戻ります。女性はゆっくりと元の状態に戻っていきます。

この相違を理解できないと、特に男性の側に理解がないと、神様が性生活において、夫と妻の両方に与えようとしておられる完全な満足を得ることの妨げとなります。「性」に関して無知では、神様の願われる方向に進むことができません。ですから、夫婦で性生活について研究することも大切です。

(二) 夫婦生活の芸術化

１９６９年、日本で初めて祝福式（マッチング家庭12双、既成家庭10双）が行われました。その直後、真のお父様はその婦人たちを韓国に呼んで、細かい指導をしてくださいました。お父様は「七色のネグリジェを着なさい」と言われました。つまり、いつも同じ色ではなく、きょうは白いネグリジェ、あすは赤いネグリジェというように、夫がハッと驚くように刺激を与える工夫をしなさいということです。それが夫婦の芸術化ということです。いやらしいことではありません。夫に愛の刺激を与えるのです。

そして、「愛する夫を性的に魅了し刺激するためであれば、シースルーや胸元が大きく開いて乳房のふくらみが見えるネグリジェでも構わない。男性は視覚的な性感覚が強いので、女性は視覚的なサインを送ることも夫婦生活の知恵である」と教えてくださったそうです。しかし、個人差がありますから、お互いに研究することが大切でしょう。

真のお父様は、婦人たちが帰国する時、ピンク地で蝶《ちょう》の柄の掛け布団をお土産に下さいました。先輩家庭の皆さんは、それを大切にしているそうです。

真のお父様は祝福を受けた男性に対しても、「夫婦生活の芸術化」の必要性について語られています。夫も日常生活において、家庭生活を芸術化し、愛する妻を感動させる努力が必要なのです。

家庭は、一人の男性と一人の女性によって成されるものです。家庭は、男性の愛と女性の愛を中心としてつくられます。家庭は、遠く太初の先祖から始まったのです。家庭を遡っていけば、最初の先祖であるアダムとエバまで行くようになります。

アダムとエバは、自分自身でこの地上に生まれたのではありません。神様によって造られたのです。神様が使用するための何かの物として造られたのではありません。神様の理想の実体として造られたのです。

神様ご自身も喜ぶために、人間を造られたのです。神様に感覚があって、見たり、聞いたり、感じたり、あるいは話したりする神様だとすれば、愛の言葉を話したいと思われるはずです。愛の姿を見たいと思われるはずであり、愛の言葉、愛の声を聞きたいと思われるはずです。

神様は夫婦が愛し合うなかで、共に喜びたいと願っておられるのです。夫婦の愛を、神様も喜ばれるように芸術化しましょう。

㈢ 夫婦の就寝とその位置

旧約聖書の中にも夫婦の愛、生活について詳細に記されています。

「どうか、彼の左の手がわたしの頭の下にあり、右の手がわたしを抱いてくれるように」（雅歌2章6節、8章3節）

夫が左腕で妻の腕枕をしてあげ、右手で妻を上手に愛撫《あいぶ》する、それが夫婦が就寝するときの良い位置なのです。真のお父様は、男性が女性の右側に寝るのは、右手で女性を保護するためであると語られています。

夫婦は仲良く枕を並べて、一つの布団、あるいはダブルベッドで寝ます。眠りに入る前には、仲良く手をつないで、愛と慰労の言葉を交わしながら一緒に寝るべきなのです。

真の父母様の夫婦についてのみ言です。

「夫婦が床に入ってささやく密語は、この世のすべての疲れや憎しみを溶かす清涼剤になるのです」

「愛が自然のように、愛の密語も柔らかく美しいものでなければなりません」

【第五章のポイント】

①絶対「性」の意味を深く理解する。
②生殖器の主人は私ではなく、相対です。
③夫婦生活における男性と女性の違いを理解する。
④夫婦生活の芸術化を研究しましょう。
⑤神様が願われる祝福家庭の夫婦像を目指して、夫婦生活の努力を重ねましょう。

第六章　夫婦愛を育む

一、会話・コミュニケーション

一般の家庭相談所やカウンセリングの専門家たちは、夫婦円満の秘訣《ひけつ》として「夫婦の会話・コミュニケーション」を第一に挙げます。ある相談所で「夫婦円満の秘訣」を既婚者１００0人に聞いた報告がありました。

約半数の人の回答は、「会話をしっかりする」でした。次が「思いやりを持つようにする」、そして「感謝の気持ちを持つ」。以上がベスト3でした。そして四番目は、「美味しい食事を作る」でした。

最近、未婚男性を対象に「パートナー・コミュニケーションスクール」が開催されています。NHKや各メディアでも紹介されていますが、コミュニケーションは男女関係やビジネス、仕事にも重要な要になるということで、人気があるようです。コミュニケーション力がある人はビジネスでも成功する人が多いそうです。

家庭生活において、夫婦の間で会話をはじめコミュニケーションを円滑にすることが大事です。

㈠ 傾聴

「聴」という漢字は、「耳」、「十」、「目」、「心」から成っています。「相手を目でしっかりと見て、声のトーンに含まれる感情までも心を遣って丁寧にきく」という意味です。通常遣う「聞く」という言葉は、意識しないで、ただ耳に入る音を受け入れる場合に使います。「聴く」というのは、簡単に言えば、「相手の話を、そのまま受け止めながら聴くこと」です。受け止められれば、受け入れられていると感じることができます。夫婦でそれぞれが思うことを語り、相手の話を受け止めて、話題を盛り上げましょう。そのようにして仲良くなることが、最初の段階で必要だと思います。

また、自分の心を真っ白にして聴くことが重要です。男性だから、女性だからなどと先入観を持って聴いていたら、相手の心を理解することはできません。それぞれが個性真理体であって、自分とは違うのですから、まずよく聴いて相手を知ることからスタートです。

無条件に肯定的に聴く

夫婦でも、お互いの心の深い世界に対して意外に知らないことが多いようです。まず無条件に、肯定的に聴くことから始めましょう。すぐに反論したり、否定したりすれば、拒絶されたように感じてしまいます。それでは、夫婦の心の距離は縮まりません。相手が感じていることを同じように感じる、共感してこそ、心が近くなります。

相手が言ったことを、そのままオウム返しのように繰り返すのも「傾聴」の一つの方法です。例えば、「――についてはOOと思います」と言われたときに、「――はOOだと思うのですね」と答えます。そうすると、話した相手は自分と同じ気持ちでいてくれる、自分の気持ちに共感してくれていると感じるのです。

「傾聴」は相手に「気づかせる」ものではなく、相手に「寄り添う」ものです。寄り添って支えようとするのが「傾聴」の素晴らしいところです。また、相手の話をうなずきながら聴くこと、相槌を打つことも、会話を進め、深める上で大事です。

「傾聴」する努力をしながら、自分の心の声も聴いてみましょう。自分を知ることも大事なことです。

また、プラス思考も重要です。自分のことを肯定的に見つめ、相手のことも肯定的に見つめるのです。誰にも長所・短所、得手・不得手があります。良いところを見つめ、肯定的に受け入れるのです。自分も相手も肯定的に受け入れることが夫婦としての基本と言えるでしょう。

聴き上手になりましょう。お互いに相手の心の声を聴くことができるようになれば、子女が誕生した後にも、家族が一つになる大きな力となるでしょう。祈祷や瞑想《めいそう》にも大変役に立つと思います。

「天一国時代は家庭に神様が共に住む時代である」とみ言《ことば》にありますが、傾聴は天一国時代に必要な習慣と言えるでしょう。

(二) 夫婦のコミュニケーション

毎日の小さな積み重ね

「おはよう」、「いってらっしゃい」、「ただいま」、「おかえりなさい」。家庭ではいつもこのような挨拶の言葉を交わしながら、家族の絆《きずな》を結んでいます。挨拶の言葉はとても大切です。愛の言葉は、人の心の成長に重要な役割を果たします。

妻は、夫が起きる前に起き、服装や髪を整えて、明るく「おはよう」と挨拶をしましょう。そして、夫が出掛ける時には、玄関まで送り、「行ってらっしゃい」と、笑顔で見送り、「神様、きょう一日、夫を守ってください。夫が健康で、仕事が成功しますように」と祈るのです。常に、祈りで夫を守るのです。このことは、妻としての大きな役目だと思います。

夫が帰宅したときは、夫の靴音を聞きながら、夫のきょう一日の歩みを思い、笑顔で「お帰りなさい」と迎えましょう。

子女が生まれたら、子女に対しても同じようにしましょう。家庭において女性は、妻として、母として、いつも明るい存在でありたいものです。

私たちは信仰生活を歩む中で「ために生きる」訓練を受けています。その訓練の成果を最も発揮できるのは、夫婦間においてではないでしょうか。妻が家庭で、心からために生きたら、疲れて帰ってきた夫も慰労され、心を開いてくれます。妻のそのような姿に感動した夫は、力を得て、「あすも頑張ろう」と思うものです。

夫は妻の悩み事や相談をよく聴いてあげ、一緒に問題解決の方法を考えましょう。時間をかけて「夫婦の信頼関係」を積み上げることが、コミュニケーションを円滑にする基本です。

願わないことが起きることもあるでしょう。しかし、そのようなときに、かえって夫婦愛が深まることが多いものです。互いに信頼を深めることが大切なのです。

夫婦の信頼を深めるためには、毎日の小さな積み重ねが大切です。特に、毎日の夫婦のコミュニケーションを疎かにしてはいけません。

円滑なコミュニケーションをとるための大きなポイントは、「相手の心を読む」ことと、「自分の気持ちを伝える」ことです。普段の生活で、相手に対して細かい心配りを積み重ね、信頼関係を築いていきましょう。

夫婦で多くの時間を過ごす

夫婦の間に信頼関係があれば、相手は自然に心を開いてくれます。とにかく、夫婦のコミュニケーションの取り方を研究し、工夫する必要があると思います。

そのためにも、夫婦が共に過ごす時間を多くすることです。一緒に食事をすることはもちろん、自宅でテレビや映画の鑑賞、時には、一緒に買い物に出掛けたりしながら、心の交流をしましょう。

仮に、共に過ごす時間をつくることが難しければ、携帯電話やメールなどを使って交流を深めることもできます。

夫婦はお互いに努力することが大切です。夫婦が同じ部屋に寝ることは当然ですが、一つの布団に寝ながらコミュニケーションをとることが大切です。相手を全身で感じることができます。

夫婦が一日の終わりをどのように締めくくり、心も体も元気な状態で次の日を迎えられるか、これを夫婦でお互いに確認し合うことは、とても大切なことです。

愛されていることを感じると、妻は「夫のために美しくなりたい」と思うようになり、夫は妻を愛おしく思います。相手の心を深く知ることができれば、自分の気持ちを正直に伝えることができるようになるでしょう。お互いを深く知れば知るほど、親密感、信頼感が増してくるものです。

夫婦はやがて子女をもうけて、家庭を営みます。夫婦のコミュニケーションが円滑であれば、親子のコミュニケーションも円滑にいくものです。やがて三世代が一緒に生活するようになっても、やはり夫婦が中心、要となるのです。

夫婦はコミュニケーションを円滑にとることで、一つになることができます。一つになった夫婦には、神様が臨在されることでしょう。神様と共に生活する家庭が、私たちの求めるモデル家庭であり、その核となるのがモデル夫婦ではないでしょうか。

毎日、夫婦のコミュニケーションをコツコツと深めながら、夫婦間の信頼関係を築いていくことが、何より大切です。そこから、夫婦愛が育まれていきます。

あるがままを受け入れる

私たちはみ言を学び、理想の夫婦、理想の家庭を求めています。そのことから相手に対して理想像を求めやすいと言えるでしょう。夫はこうあるべきだ、妻はこうでなければならない、み言を知っているのだから、み言どおりになるべきだと考えやすいのです。

しかし、み言を知っているからといって、すぐにみ言の実体になることはできません。日々、実践して成長していくのです。

理想の姿と違う相手を見て、「こうあるべきだ」と、相手を変えようとしても難しいものです。夫婦関係が険悪になる大きな原因は、相手の欠点を見て、相手を変えようとするところにあると言われています。

まず、相手の「あるがまま」を受け入れるのです。そのためには忍耐や、寛大になる努力、そして時間も必要です。精誠を込めて努力し、忍耐する中で、相手を理解し、相手を受け入れることができるようになれば、相手に対する愛が芽生えてくるものです。

相手の好み、くせ、習慣など、相手のすべてを、まずはそのまま受け入れましょう。相手の足りないところ、欠点を見るのではなく、神様が愛するところ、長所を探して見つけるようにするのです。

「ために生きる」というみ言を掲げる前に、まず「相手を認める」ことが大切です。「ために生きる」を実践しようとすれば、「しなければならない」という義務感になりがちです。「ねばならない」からではなく、「したいからする」という〝喜び〟からしたいものです。そのためにも、まず相手を認めること、相手を受け入れることから始めましょう。それができれば、必ず良い関係に向かっていきます。

二、家庭での夫婦の生活習慣

㈠相手を抱きしめる

最近、誰かを抱きしめたことがありますか? うれしいときだけでなく悲しいときやつらいときなどに、抱きしめられて、なんだか安心したという経験はありませんか? 最近ではハグと言われる、軽く抱き合う行為が街中でも行われています。抱きしめる、抱きしめられるという行為は、言葉を超えたコミュニケーションの一つなのです。

人間は常にさまざまなホルモンを分泌していますが、ハグをするとオキシトシンというホルモンが分泌されます。このオキシトシンというホルモンは、「絆《きずな》ホルモン」と言われることもあるそうです。母親が授乳する時にも分泌され、赤ちゃんとの絆を深める作用があると言われています。

このオキシトシンは、夫婦や恋人同士など、親しい人とのスキンシップでも分泌されます。このホルモンにはストレスを軽減する作用もあります。30秒間優しく抱きしめ合うことでストレスの三分の一が解消されると言われていますから、その効果は絶大です。

ノーベル平和賞を受賞したマザー・テレサは、死が近い人たちを自らの施設に運び、しっかりと抱きしめました。「抱きしめる」ことによって人の温もりが伝えられ、癒やしと慰め、心の平安を与えるのです。そのようにして多くの人を看取《み》りました。

このように素晴らしい力を持った「抱きしめる」という行為は、夫婦の間でこそ、積極的にすべきものでしょう。

では、生活の中で、夫婦が具体的にどのようにしたらよいか考えてみましょう。

まず、朝起きて、夫婦で「おはようございます」と挨拶をしたら、互いに抱きしめ合ったらよいでしょう。

妻は夫を、〝母親のような心〟で抱きしめてあげるのです。人間は心の奥底に、幼い時に母親から受けた愛の感触が残っています。母親に抱かれていた愛の感覚が残っているのです。

特に男性は、いくつになっても、心の奥底では、母親の愛を求めているものです。

ですから、そんな夫を母親の心で抱きしめてあげ、夫を満たしてあげたら、夫は励まされ、力を与えられるでしょう。

夫は、家庭における経済的責任を持ち、さまざまな活動をする中で、多くのストレスを受けているに違いありません。ですから、一日の出発である朝に、妻から抱きしめられ、慰労されたら、ストレスが吹き飛び、勇気を持って、一日を出発できるのではないでしょうか。

女性も夫に抱きしめられることによって、「愛されている」と実感することができます。

どんなに多忙な生活の中でも、夫婦だけの時間をつくり、愛の言葉を交わしながら、肌と肌が触れ合う時間を持つことをお勧めします。そして、夜は、妻は夫の腕に抱かれて眠るのです。眠りに入る前に、夫婦はお互いに慰労し合うことで、その日のすべての疲れが癒やされます。

時には、休日の昼間などに時間をつくり、美しい自然に触れたり、夫婦で手をつないで公園などを散歩しながら話し合ったりすることも大事です。

(二) 相手を尊重する

互いに相手の長所を探すことが大切です。どうしても、欠点が目について、否定的な感情が湧くときは、「この欠点を補うために自分がいるのだ」と考えるのです。夫婦の間に何か起きたときは、「これは自分の問題であり、天が私の成長のために与えてくださったのだ」と思って、その問題に向き合うことです。

「親しき仲にも礼儀あり」と言いますが、夫婦は最も身近な存在であるからこそ、ぞんざいに対してはいけないのです。感謝の思いを持って相手に接し、日頃から感謝の思いを素直に言葉にして伝える努力が必要です。

妻子を養い、守り、一家の主人として立つ夫を、主体として尊重することが大切です。男性は、尊重され、認められることによって、主体としての自覚、自信を持つようになります。主体として自信を持てば、力を発揮します。妻は、そんな頼りがいのある夫に包まれ、愛されるならば、穏やかな心になり、満たされます。そうすると、豊かな心で子供たちや周囲の人たちを愛することができるのです。

男性と女性の脳の違いや心理の違いを紹介する本がたくさん出版されています。確かに、男性と女性は、感性、性格、考え方、価値観などが違います。能動的な男性と受動的な女性は、行動そのものが違い、生理的メカニズムも当然違います。相手を研究し、その違いをよく理解することが大切です。

夫は、妻から尊重され、感謝の言葉を言われれば、自信を持って物事に当たるようになります。反対に、プライドを傷つけられると、それがいくら正論であったとしても、反発します。意地を張って、反対の方向に行ってしまうことすらあります。気をつけましょう。

夫婦、家庭が円満な生活を営むためには当然、経済的な安定が必要です。だからといって、妻が夫に単刀直入に「収入をもっと増やしてほしい!」などと言うことは避けるべきです。夫が傷ついてしまいます。収入が少ないことは、夫も自覚し、どうにかしなければと、心を痛めているはずです。そんな夫の心の痛みを理解し、自分の痛みとするのです。主体としての夫のプライドを傷つけないように注意してください。

三、充実した夫婦生活のために

㈠ 一つになる努力

鄭《チョン》壽《ス》源《ウォン》先生のアドバイス

１９９６年に、三十六家庭の鄭壽源先生から受けた「夫婦の性生活」についてのアドバイスを紹介します。

「四十代なら四日に一度、五十代なら五日に一度くらいかな」

私は大変衝撃を受け、「先生！　それは韓国人の基準ではないですか」と言ってしまいました。「では、六十歳くらいになったら、あなたは夫との性生活をどうするつもりなの？　一人で寝なさいと夫に言うのですか？　それは、愛の関係性がどこか間違っているんですよ」と言われて、沈黙せざるを得ませんでした。

先生はさらに、「若い時に夫婦で一緒に生活して、深い愛の心情関係をつくっておかないで、どうするの？　それが何よりも重要です。過ぎた時間は取り戻せないのですよ」と話してくださいました。

鄭壽源先生のアドバイスの中で強く印象に残っている言葉を列挙します。

「理想的な夫婦の愛は、どんどん増えてくるから、いつも愛したくて、見たくて、一緒にいたくなるんですよ。真《まこと》のお父様と真のお母様を見ると、いつも深く愛し合っていることが分かるでしょう」

「あなたたちは、自分の生殖器を自分のものと思っているのが間違いです」

「夫婦はいつも一つの布団で寝なさい。そして愛妻弁当を作ってあげなさい」

「一緒の布団に寝ると、お互いの健康管理をすることができるのです。常に一つになって生きていく努力をして、互いに絶対に必要な夫婦になりなさい」

「一日夫と離れて暮らすのだから、愛情を込めて弁当を作ってあげなさい。外で仕事をしていても、夫婦は一日に何度もお互いが慕わしい気持ちにならないといけません。そして、仕事が終わると、寄り道もせず、急いで家に帰ってくるようにしてあげるのです」

「生殖器を大切にし、神様に侍《はべ》るよりもっとよく侍って、神様よりもっと愛さなければいけません。それでこそ神様が喜ばれるという話です。誰かが聞けば、びっくりしてひっくり返るかもしれません」

夫婦生活について話し合う

家庭生活の中で、夫婦が互いに唯一無二のかけがえのない存在だと信じ合い、至福の境地に達することができる夫婦愛を育むためには、どのような努力を積み重ねたらよいのでしょうか。このことを夫婦でよく話し合い、確認し合っておくことが大切です。夫婦は、それまで縁のなかった男性と女性が出会って家庭生活を出発したのですから、一つになるには、ために生き合う努力が必要なのです。

夫婦が神様を中心として心身共に一つになれば、愛の四位基台をつくるようになります。そこには、偽りの愛は侵犯することができず、ただ真の愛のみが臨在するようになります。

(二) 夫婦の性生活の重要性

夫婦の愛の特殊性

人間の心情は、まず父母から愛を受けて成長する中で育まれます。次に、兄弟姉妹との関係で、遊んだり、けんかしたり、競争したりする中で、兄弟姉妹の愛が育まれます。この親と子、兄弟姉妹の関係は、血のつながりがあります。

しかし、夫婦は血のつながりがないのです。ところが、この夫婦から新たな生命が誕生（創造）してくるのです。夫婦が真の愛で一つになった姿こそが、正に神様のお姿なのです。

こう考えてみると、最も偉大で貴い愛が夫婦の愛であることが分かります。しかし、また、いちばん難しいのが、夫婦の愛でもあるのです。この夫婦の愛の特殊性は、「夫は一人の妻のみを愛し、妻は一人の夫のみを永遠に愛する」ということ、互いに唯一無二の存在であるということです。

もう一つの特殊性は、夫婦の愛は、「性生活を通して培われる」ということです。性生活を通して一つになる夫婦の愛は、親子の愛や兄弟姉妹の愛よりも深く密接です。

そして唯一無二であり、絶対的なのです。

性生活の大切さ

夫婦は、性生活を通して、愛を深め、固く結ばれていきます。夫婦の間に性生活がなければば夫婦愛を育むのは難しく、信頼関係を築くのも難しいでしょう。

愛と慰労と感謝をもって、性的に結ばれ、心も体も満たされれば、尊敬し合うことのできる関係が築かれていくことでしょう。お互いの感情を素直にさらけ出し、相手に対して望んでいることがかなえられたら、心も解放されます。

夫婦は、生まれたままの姿で、慌てず、焦らず、スローなコミュニケーションをとりましょう。肌と肌の触れ合いを通して、安心感を得、愛情を確認することができます。そして、「愛しているよ」という一言や、愛情表現でもあるキスをして、一つになりたい気持ちが高まって性生活につながっていきます。

日本人の夫婦は愛情表現としてのキスをあまりしないのではないでしょうか。ドイツでは、毎日キスをする夫婦は、しない夫婦に比べて平均して五年も寿命が長いという研究発表もあるそうです。毎日のキスが寿命に影響を与えるというのです。愛し合う夫婦のキスは、健康を促進し、生きるエネルギーを高めることもできるのです。

また、一緒に風呂に入って、お互いに背中を流し合ったり、疲れた体をマッサージし合ったりと、日常生活の中でお互いに触れ合うことも大切なことです。裸で寝ることは、健康に大変良いとも言われています。肌が刺激を受けることによって細胞が活性化すると考えられているのです。

また、就寝時は、夫婦は、一つの布団またはベッドで休むのがよいでしょう。夫は妻の右側で休み、左腕で妻の腕枕をして、右手で妻を愛撫しながら就寝することを習慣にしたらよいと思います。

その日の出来事や通過した心情の世界を話し合いましょう。肌が触れ合うことで、お互いの体調を感じ取ることができますし、話し合うことによって、お互いの心の健康状態を知ることもできます。

性生活には、男女の性差があります。相手の体調なども考えて、決して強要してはいけません。強要して性生活をしても、お互いに満足することはできません。性生活について夫婦でよく話し合うようにしましょう。

また、夫婦の愛は、〝美〟を伴ってこそ、育まれるものです。特に、美の対象である妻は、化粧や服装にも気を配ることが大切です。夫婦愛を育む〝努力〟を、少しずつでも、毎日、積み重ねましょう。

夫婦の性生活を疎かにせず、大切にしていきましょう。

㈢金元弼《キムウォンピル》先生の指導

1988年2月5日から7日にかけて、金元弼先生（三弟子、三十六家庭）が教会本部をはじめ、全国四カ所で講話をしてくださいました。その時に取ったメモを基に、講話の要点を紹介します。テーマは、「夫婦は一緒に風呂に入りなさい」でした。

「一緒に風呂に入りなさい」

夫婦は一緒に風呂に入って、奥さんはご主人を洗ってあげて、ご主人は奥さんを洗ってあげなさい。

どのようにしたら、相対者の世話をもっとよくしてあげられるかを考えなさい。現実において、いろいろなわだかまりがあるでしょう。夫婦間の問題には難しいことがあります。いろいろなことを通じて、一つ一つ打破していかなければならないのです。

そうして、ただ言葉だけで一体化するのではなくて、心においても肉体的にも一つになっていくのです。

相対者のことを恐れているのではありませんか？　なぜ皆さんは、一緒にお風呂に入らないのですか？　何かがおかしいから一緒にできないのですね。

相対者との関係において、いろいろな壁があるのです。いかに自分自身を相対者のために捧げていくかということです。

女性は、「準備ができましたから、一緒に入りましょう」と言ってあげるのです。お風呂の中で一緒に洗っている時、けんかなんかできません。いつも洗い合っていれば、「性」に対する変な感覚も、お互いの中から抜けてしまいます。いつも一緒だから、いつも洗い合っているから、二人ともおかしな「性」の意識を持たなくなるというのです。

小さなことを通して、どんどん壁をつくってしまうのです。放っておけば良くない思いをするし、すぐ怒ってしまうのです。

夫婦が共に聖なる存在に

ある面では、子供（兄妹）のようなのが、夫婦の関係です。みな神様の子供だから、その子供のような仲の良い関係を夫婦間につくらなければいけません。

自分の深い心情を、誰と一番分かち合うことができるでしょうか。それは夫、妻でなければならないのです。相対者は、第二の自分です。お互いに助け合うのです。

天国では、夫婦は共に聖なる存在にならなくてはなりません。特に女性は聖霊であるといいます。母親は聖なる内容を持っていなければならないのです。

講話をする金元弼先生

また家庭において、妻は夫に対して美の対象になることが大事です。髪も身体もきちんと綺麗にするのです。美の対象にならなくてはいけません。ですから服の着方も、適当にするのではなく、きちんとしてください。夫に対して美の対象となれるように、服をきちんと着るのです。そのことを怠ってはいけないのです。いつも輝くような美しい姿を保っているようにしなければいけないというのです。

母親の、聖霊の心情を持っていくようにしなさい。夫が出掛けるときも、「ああ、どこに行くのですか」と、常に支えるような態度で送り、帰ってきたら、「どうでしたか」と、優しい態度で接するのです。

互いに尊敬する

夫婦関係を考えるときに、夫婦は真の父母様によって生み変えられた者として、お互いに尊敬の念を持たなければなりません。そのような関係を持ったときに発展します。二人が授受作用をなしていくならば、存在のための力、生存のための力、そして発展の力が生まれてくるのです。

私たちが夫婦として一つになることができたならば、そこから生まれてくる子供は、教えなくても、理想が何であるか、分かって生まれてくるのです。

しかし、私たちの現状はどうでしょうか。父母様が祝福してくださいましたが、今はみな、低い次元のままにとどまっていることが多いというのです。

皆さんは、み旨の場においては一生懸命働くけれども、家庭でこの重要な内容を復帰する努力をしないから、どんなに一生懸命やっても、サタンに奪われてしまうことがあるのです。ですから、本当に深い尊敬の念を、夫婦が互いに持たなくてはいけません。夫から妻へ、妻から夫への尊敬の念、深い尊敬の念がなければならないのです。

誰かが圧力をかけて、そのような尊敬の念を持つのではなくて、自然に尊敬の念が表れてくるようにならなければなりません。堕落がなければ、自然に、泉のように生まれてくる深い尊敬の念があったはずです。それを、どんなことがあっても、持つようにしてください。

それがあったら、霊界に行っても、家庭を築くことができるのです。神様は、そのことを願われるというのです。霊界に行った時に、家庭の理想を全うしていたら、理想の部屋に入るのです。神様がそこに入ってくださるというのです。

しかし、夫婦間に分裂や溝があるならば、神様は理想の夫婦と呼ぶことはできないのです。霊界に行くと、夫婦の溝、分裂は、ものすごく大きなものとして現れてくるのです。

子孫が誇りに思う父母に

そういった観点から、「一緒にお風呂に入りなさい。そしてお互いに洗い合いなさい」と言ったのです。そして、お祈りする時には、手をつないでお祈りし合うのです。祈りの内容も「神様、あなたの愛から生まれた私たちですから、一つになっていきます」という内容となってくるのです。

夫が、「私の妻は私を本当にサポートしてくれている」と感じなければいけません。それを感じないときには、夫は家にいるよりも、外にいたほうがよいと考えるようになります。そう考えている人が多いというのです。家庭が愛の中心になっていないから、そこに喜びを感じないのです。ミッション、仕事のほうにばかり喜びを感じるから、家庭よりもそちらに行きたいというようになってしまうのです。だから、家庭の中に天が喜ばれる愛の関係をつくってください。

真のお父様も、お母様が知らないことをなされることはありません。お父様が何をしておられるのかを、お母様はすべて知っておられます。そのような真の父母様です。

皆さんは誰に従おうとしているのですか。今のような状態では、皆さんの子孫を、皆さんに従っていきたい、という気持ちにさせることはできません。我々自身の中に、真の父母様に従っていこうという気持ちがまだまだ少ないから、子孫が私についてくるということはないのです。

皆さんは、皆さんの子孫から、「私たちの真の父母である」と呼ばれなくてはいけないのです。このような状態で、そう呼ばれるでしょうか。今私たちが基準を立てなければ、そう呼ばれることは決してないでしょう。

私は、真のお父様と真のお母様の深い心情の関係をよく知っています。それは、本当に父母の愛なのです。

理想の夫、理想の妻の関係をつくっていかなければなりません。そうでなければ、一生懸命忙しくしていても、個人の完成にもつながりません。

家庭の分野は、とても重要なのです。夫婦というのは、何でもないようですが、重要な関係です。夫が妻に向かって、「私がセックスをする時だけ、あなたが必要だ」。そういう関係でしょうか。「セックスをする時だけが、お互いに近くなる時だ」。そういう関係だったら、ひどいことです。

常に心情的な愛の関係を発展させ、世界に広げていくのです。理想の愛はどんどん増えていきます。それが真の愛です。愛することによって、関係はさらに深まっていきます。

私たちが死ぬ間際になって、愛の関係もなく、愛の夫婦関係も何もないとしたら、我々の子女が何を相続することができるというのでしょうか。（金元弼先生の指導終わり）

【第六章のポイント】

①お互いに相手の心に寄り添う「傾聴」を心掛ける。
②夫婦一体は挨拶や会話から。多くの時間を共に過ごしましょう。
③愛のスキンシップを習慣化しましょう。
④お互いに尊敬しながら、夫婦の性生活を大切にする。
⑤性生活についてしっかり学習することが大切です。

第七章　幸せな夫婦となるために

一、問題が起きたとき

(一) 理想像にとらわれない

「夫はこうあるべきだ」、「妻はこうあるべきだ」という考えにとらわれすぎないようにしてください。夫と妻は、それぞれ個性を持った、唯一無二のユニークな存在です。お互いに研究し合いながら、ゆっくりと理想に向かって努力するのがよいのではないでしょうか。

夫婦は愛が成熟したので結婚したのではありません。二人で真《まこと》の愛を築き上げていくために結婚したのです。お互いに未熟な部分があるので、時には、行き違ったり、ぶつかることもあります。足りないところを補い合いながら、共に成長していくのです。

お互いにまだまだ成長段階だと分かっていても、心は身勝手なもので、不満を感じれば文句が出るし、気に入らなければ黙り込んだり、ふてくされたりします。

理想の夫、理想の妻を求めていくら力んでも、背伸びをしても、すぐには難しいでしょう。

理想の姿になるにはどうしても、時間が必要なのです。心の余裕を持って、「まあ、今はこれでいいか」と、受け止めることも必要です。多少の行き違いがあったり、ぎくしゃくしながらも、時間を掛け、お互いに歩み寄る中で、夫婦の絆《きずな》が強くなり、美しい夫婦愛が織りなされていくのです。

ですから、夫婦がぶつかることは、決して悪いことではありません。夫婦がお互いに理解し合う過程では、通過せざるを得ないことなのです。

(二) 早い段階で解決する

相手に対して不平や不満があるときには、それを無理に抑え込むのではなく、ちょっと深呼吸して、夫婦で話し合うのがよいでしょう。

うまく話を切り出せず、ギリギリまで我慢を重ねて、ある日突然、爆発してしまっては大変です。その修復には時間が掛かってしまうでしょう。爆発する前に、早い段階で解決しましょう。

夫婦がお互いに自分の思いを伝えることができず、心が不一致の状態が長く続くと、夫婦間の溝がどんどん広がってしまいます。心身共に疲れ果て、大きな問題になりかねません。気をつけましょう。

成長の途上にある二人です。思うようにできなかったとしても、恥ずかしいことではありません。反省すべき点は、素直に反省しましょう。

人間は、自分のありのままの姿をさらけ出すことを恐れるものです。しかし、霊界まで一緒と言われる夫婦です。相手に、永遠に隠すことはできません。素直になったほうが賢明であり、心も軽くなります。

㈢ 夫婦の問題収拾の六つのポイント

夫婦に行き違いがあり、ぶつかったとしても、それを〝どのように収拾するか〟が大切です。その収拾する過程を通して、お互いのことをより深く理解できるようになるものです。

夫婦の行き違いや誤解を収拾できれば、二人の関係はぐっと強くなるでしょう。では、どうすれば、夫婦の行き違いを上手に収拾できるでしょうか。
六つのポイントをアドバイスします。
①今、問題になっていることだけを問題にする。話をそらせて、他の鬱憤《うっぷん》を晴らさない。
②過去のことを言わない。過去のことに遡り、こだわると、収拾できなくなる。
③容姿や肉体的な特徴など、努力のしようがないことは話題にしない。
④悪いと思ったらすぐに謝る。
⑤どちらが正しいか、決着をつけない。不足な二人が歩み寄り、築き上げていくのが夫婦であり、家庭である。
⑥けんかのあとは、ちょっと体に触れてみる。
これらのことを参考にして、夫婦の行き違いを上手に収拾してください。

夫婦は、このようなことを何度も繰り返しながら、お互いに理解し合えるようになっていくのです。夫婦は、具体的な生活の中で喜怒哀楽を共にしながら、歩み寄り、真の愛の関係を築いていきます。理想を求めすぎて、疲れて諦めたり、もう嫌だと壁をつくらないようにしましょう。夫婦でよく話し合い、一歩ずつ夫婦愛を育んでいきましょう。

「どんなに年を取った息子でも、母親の所に行って甘えたいのではないですか。同様に、夫の前で妻は、『妻である』と思ってはいけないというのです。『母親の心情を抱いた女性』と思いなさいというのです。夫が失敗して帰ってくれば、『ああ、あなたはきょう、またこうだったのね』と言うのではなく、『あなたのことは理解しています』と言わなければなりません。母のような妻の心情をもたなければなりません。『あなたの心をすべて理解しています』と、いくらでも慰労してあげることができるのです」（文鮮明《ムンソンミョン》先生御言選集157巻「理想相対」、1967年10月16日）

二、加齢とともに良き夫婦生活を

㈠相対を通して成長する夫婦の愛

夫婦は、性生活を通して、お互いが唯一無二でかけがえのない存在であることを実感します。無上の感動と歓喜を感じ、愛が高まり、深まっていきます。性生活なくして夫婦愛を培うのは難しいのです。夫婦愛は、観念的なものではなく、実に現実的なものなのです。夫婦は心と体（性）を一致させながら、月日を重ね、愛を深めていきます。その夫婦の愛を基盤として子女を授かり、子孫へと未来に連結されていくのです。

自分のことは自分がいちばんよく知っている、すべてを知っていると思っているかもしれません。しかし、自分が認識しているのは断片的な自分なのです。夫婦は性が違い、性格も違う相手を通して、お互いに自分の足りなさを知るのです。そして与え合い、補い合いながら成長していくのです。

夫婦生活で充実した時間を重ね、そこにエネルギーを費やして、深い感動を受けながら年を重ねていきたいものです。

(二) 加齢に伴う課題と解決策

さて、「性生活に満足していますか?」と質問されて、どれだけの夫婦が「満足している」

と答えられるでしょうか。また、性生活について、お互いに本音で話し合える夫婦は、どれくらいいるでしょうか。

私たちは夫婦の理想を求めながらも、性生活においては、子女をもうける時ほど熱心に向き合っていないのではないでしょうか。年月を経るにつれ、性生活に時間を費やすことが少なくなり、夫婦の間に距離感ができてしまいがちです。一カ月に一回とか、一年に数回となり、加齢とともにセックスレスの罠《わな》に陥っていく夫婦もあります。

その原因と解決するための工夫について考えてみたいと思います。

お互いに〝他人〟からスタートし、縁があって〝夫婦〟となり、そして子女が誕生して〝家族〟となります。

ところが、夫は妻のことを子供と一緒に「ママー」と呼び、夫婦が親子のようになり、相手をパートナーとして見られなくなってしまうことがあります。そうなると、いつの間にか性生活がマンネリ化して違和感を感じるようになり、性生活が少なくなっていきます。ですから、〝恋人〟に返る工夫をするべきです。

例えば、給料日には夫婦でお茶を飲む時間をつくるようにするとか、「夫婦の日」である毎月22日には、二人で映画を見たり、出掛けるなど、デートをしてはどうでしょう。どんなに多忙であっても、二人の時間、二人の場をつくることが大切です。「夫婦の日」には恋人のように時間を過ごす、そうして性生活をすることにしてはどうでしょうか。

夫婦が共に多忙である場合には、コミュニケーションが不足がちになります。そして、ささいなズレから不満が生じ、それが蓄積されていくと溝ができるようになります。不満や怒りを持っていると、夫婦関係が冷めていきます。生理的に嫌悪感を感じ、無意識のうちに夫婦生活を避けていくうちに、億劫《おっくう》になって、セックスレスになってしまいます。

そのようにならないために、日頃からコミュニケーションを取るよう努めましょう。思っていること、感じていることなどを、いつも話し合い、聞き合うことが大切です。「言わなくても分かっているはず」と、特に男性は考えがちですが、それは違います。

ところで、性をタブーのように見てしまっているということはないでしょうか。

テレビドラマで、そのようなシーンが出てくると、さっとチャンネルを変えてしまう経験はありませんか。性的なことは、「悪いこと」、「いけないこと」という認識で育ち、強い拒絶感や嫌悪感を持って、性的なことは繊細なことも含めて、一様に動物的で汚れたものという感じを持ってしまい、トラウマになっている場合があるのです。

私たちは、性に対して少なからず「恥ずかしい」とか「はしたない」という感覚を持っています。成長段階で感じてきた感情であり、育った環境や文化の中で強化された感覚もあります。この「恥ずかしい」、「悪いこと」、「はしたない」などの感覚が強いと、二人の性生活の妨げになってしまうことがあります。

性は神聖なものであり、神様の最大の祝福です。性に対する意識を根本的に変える努力が必要だと思います。

加齢とともに、お互いの肉体が衰えてきます。女性は皮膚が乾燥し、しわができやすくなってきます。同じように、腟《ちつ》も乾燥して腟壁が薄くなり、性生活で痛みを伴うこともあります。そんな時には、専門医に相談することが必要だと思います。女性ホルモンが少なくなることが、その要因だと考えられています。

男性は勃起に時間が掛かるようになりますが、それは自然の現象です。性的な満足を得るために、医学的な療法や満足を得るための工夫が必要でしょう。

三、祝福の原点に立ち返る

(一) み言《ことば》を軸とする

「祝福を受けて血統転換したのに……」、「目標に向かって努力してきたのに……」、「月日を重ねても夫婦愛が深まらない……」。結婚生活が長くなってくると、こんなふうに感じることがあるかもしれません。

忙しい仕事や生活の中で、「夫婦のすれ違い」やマンネリ化を感じる、そんな時は、少し立ち止まって「神様を忘れた生活をしているのではないか」と、心を整理してみてはどうでしょうか。〝夫婦の節目の時〟〝整理するための絶好の機会〟と考え、祝福の出発の原点に立ち返りましょう。

真の父母様から受けた祝福によって、私たちは血統転換されました。

人類始祖アダムとエバはサタンの偽りの愛を結んで堕落しました。アダムとエバは偽りの父母となったのです。そして、アダム・エバから人類はサタンの血統を受けるようになりました。私たちは祝福を受け、血統転換することにより、神様との心情関係を回復することができるようになりました。しかし、祝福を受ければ、自動的に神様との心情関係が回復するわけではありません。

では、神様との心情関係を回復するには、どうすればよいでしょうか。まずは、神様を知る必要があるでしょう。無形の神様の性質や心情は「み言」を通してのみ知ることができます。どうすれば神様が喜ばれ、何を最も悲しまれ、嫌がられるのかなどを、心に刻むことが絶対的に必要です。

これらのことは、一般社会の書物をいくら読んでも知ることはできません。祝福家庭が軸とするのは「み言」であって、社会の常識ではないのです。ですから、私たちの一番目の課題は、「み言をいかに深く学びつつ、日々の生活を送ることができるか」ということなのです。神様が心に住まわれていることを感じられるようになることが大切です。

(二) 祈祷とみ言の学習

神様と心情関係を回復するにはどうすればよいのでしょうか。神様との会話である「祈祷」が必要です。神様の前に素直な心で率直に話してみましょう。

祈祷の中で神様に悩みを相談し、それが解決したときには、そのことを報告します。神様との心情関係を深め、神様の愛を感じる経験をたくさんすることが大事です。神様の愛を実感してこそ、神様と共に生活することができるのです。夫婦が共に祈祷を通して神様を心と体で実感するとき、その夫婦は神様と一体、一致して、神様の愛、永遠の愛を相続することができるのです。

愛の深い夫、妻になりたいと、どの夫婦も望んでいます。そして、「神人一体」を心から望み、神様と永遠に共に生きることを願っています。そのために、今までたくさんの苦労、困難を乗り越えてきたのではないでしょうか。

夫婦が〝節目の時〟を迎えたときには、み言の学習と祈祷の二点を確認してみましょう。

夫婦の価値観が何となく違ってきたり、心情的な行き違いを感じたり、会話が少なくなってきたと感じるときは、原点であるこの二点に立ち返ってみてください。

神様を実感するならば、神様から偉大な力を頂いて、刺激的、感動的な夫婦生活を送ることができると確信します。

四、夫婦で永遠に幸せに

(一) 結婚は神様に似るため

私たちはみな、「永遠に幸福に生きていきたい」という思いがあります。神様の子女として創造された私たちは、個性真理体であり、神様の二性性相の一つの性として誕生しました。そして、結婚して夫婦となって、さらに神様に似た存在になるのです。そして、神様と共に永生するのです。

結局、私たちは、「神様に似るために」結婚するのです。そして、夫婦が真の愛で一つになったその場に、神様の愛が訪ねてこられるのです。

神様は人間のために、霊界を準備してくださり、そこで永遠に住むことができるようにしてくださいました。人間の肉身は長生きすればするほど老いて衰えていきますが、霊人体は愛し合うことによって成長し、円熟していきます。夫婦が愛し合えば愛し合うほど、美男美女になるというのです。

霊界は素晴らしい世界です。その霊界における位置が、地上での毎日の生活によって、真の愛の体恤《たいじゅつ》の度合いによって決まるとすれば、地上における夫婦の生活がどれほど大切でしょうか。

夫婦が困難にぶつかったときには、まず「私たちの目標は何であるか」、「何のために結婚したのか」ということを、いま一度考え、整理しましょう。

(二) お互いは自分を映す鏡

夫婦の心が一致しているか、毎日の生活で確認しましょう。一致すること、和合することこそが幸福の基となります。夫婦はお互いに、相手が持っていないものを持っています。補い合う関係になっているのです。絶対に相手が必要なのです。夫婦が和合して一つになり、神様と一体となって永生するのです。

「夫は、こうあるべきだ」、「妻は、こうあるべきだ」と、お互いに要求し合うと、対立してしまいます。夫婦は似た者同士であり、いつも向かい合って相手を写している鏡のようなものです。自分の目に映る相手の姿は、自分そのものなのです。

ですから、相手に「こうあってほしい」、「ここを直してほしい」と思うなら、まず自分自身がそのようになればよいのです。自分自身を磨いて、相手に望むような自分になればよいのです。

相手から優しい愛の言葉を掛けてほしいならば、まず自分が相手に優しい愛の言葉を掛けてみましょう。相手の短所を見つけたときには、自分の短所が映っていると思って、短所を直して長所に変える努力をしましょう。

このように考えてみると、相手に対して要求することできません。不平も不満も言えないのです。相手は、自分の姿を映している鏡なのですから。

相手に大きな問題が見えたとき、そこには必ず原因があるはずです。自分の成長過程に問題があったのだろうかと、振り返ってみることも必要でしょう。「自分はどのように育ってきたのか」、「自分の両親は夫婦としてどうだったのか」など、いろいろと考えてみるのです。

鏡に映っている自分の姿を謙虚に受け止めましょう。「熱心に自分磨きをすれば、相手は必ず変わってくる」、このように考え、行動する習慣が身につけば、夫婦の課題はだんだんと消えていきます。相手に要求するのではなく、自分磨きに徹するならば、時間とともに、必ず夫婦愛は深まり、強い絆《きずな》で結ばれるようになります。

言葉はとても大事なものです。感謝の気持ちを夫婦で伝えるときや、挨拶の言葉に、心に響くような言葉を一言プラスすることをお勧めします。例えば、朝の挨拶も、夫への愛を込めて、「おはようございます。きょうはよい目覚めですね！　良い夢でも見ましたか？」と言ってみてはどうでしょう。

ちょっとした言葉遣いで、お互いに心が明るくなり、元気になるものです。特に、前日に夫婦間で問題があったときなどは、まるで何もなかったかのように明るく振る舞うことができれば素晴らしいです。

㈢ 愛の理想は家庭から

夫婦が常に一緒に考え、会話する、そのような家庭生活が大切です。また、家庭の中のさまざまな仕事について、男性だから、女性だからと、固定概念にとらわれずに、分担し、互いに助け合って行いましょう。これはとても大切なことです。

そのように夫婦が互いに協力し合いながら生活していけば、信頼が生まれ、喜びが多くなります。夫婦の愛はさらに深まっていくでしょう。

「自分の命以上に愛する」。これは私たちの人生の最大の課題であり、目標とすることでしょう。相手のためには命をも惜しまないような夫婦は、まさに神様の似姿であると言えるでしょう。このような夫婦の真の愛の関係は、霊界に行っても永遠に続きます。

最も身近な存在で、最も長く人生を共に歩む夫婦の間において、最高の喜び、最高の刺激を感じることができるのです。この限られた地上生活において、悔いが残らないように精一杯努力しましょう。

神様の創造理想は、愛の実現です。愛の理想は、家庭から実現していくのです。

「昔の言葉で『家和万事成』(家和して万事成る)という言葉があるではないですか。それは、最も重要なことは、家の夫婦が一つになって平和の家庭を築くことであり、これがすべての解決の起点になるということを言っているのです」(『至誠感天・家和万事成』より)

【第七章のポイント】

①夫婦がぶつかったときは、時間をかけて歩み寄る努力をする。
②夫婦の問題収拾の6つのポイント。
③加齢に伴い、性生活には医学的処方や工夫が必要となります。
④課題があるときは、祝福の原点に立ち返る。
⑤神様の愛の理想を実現する「幸福な家庭」を目指しましょう。

第八章　家庭の重要性と神氏族メシヤ

一、家庭の重要性

㈠ 家庭とは

家庭は家族にとっての「安息所」です。子供たちにとっては、最初に人間関係を結ぶ重要な所です。四大心情圏を体恤《たいじゅつ》するのも家庭であり、人生の基本的な内容を学ぶのも家庭です。愛の秩序を学び、伝統を相続するのは家庭なのです。

マザー・テレサは、幼い頃、家庭で深い信仰が育てられました。

「(母)ドラナは定期的に食物やお金をもって貧しい人びとを訪問した。そのようなとき、母について行くのは、幼いときからアグネス＝ゴンジャ（マザーテレサ）であった。ドラナにとって、『困っている人は身内』であったが、(テレサの父)ニコラもまた妻のこの方針を全面的に支持していて、その活動のために十分なお金をドラナにまかしていた。一言でいえば、ニコラとドラナは本当に暖かな家庭をつくり出していた。次のことにもその様子がうかがえる。

子供たちがいきいきと覚えていることだが、夕方になって父親が帰宅するころには、母はかならず髪をととのえ直し、服を着替えた。夫が姿を現すときのために母親が注意深く身支度するのを子供たちはすてきなことだと感じていた。ドラナは毎日、このときの家族の集まりを一種のお祝いのようにした。そして、このように居間にあつまった家族全員でロザリオの祈りをするのがボヤジュー家の夕方の行事だった」(『人と思想　マザーテレサ』より)

生活の中で、自然に神様を敬い、祈りを身につけられるのが家庭なのです。特別に何かを教えなくても、子供は家庭の中で自然に両親を敬いながら成長していきます。夫婦(父母)の意見の違いやけんかなどがあれば、子供たちは悪い影響を受けてしまいます。

(二) 神様の復帰摂理の目的は家庭

神様が六千年間、復帰摂理をされたのは、結局、何を探し出すためだったのでしょうか。一つの国を探し出す前に、あるいは民族と教会を探し出す前に、何を探し出さなければならないでしょうか。家庭です。ご自分の相対を探し出し、家庭を探し出すことでした。

「一つの国が形成されるためには、家庭がなくてはならないのです。ゆえに、全体の根本とは何かといえば、家庭です」（『祝福と理想天国(I)』「復帰摂理の最終目標」より）

家庭の中心は、もちろん夫婦です。そして、真《まこと》の夫婦愛は地上のみならず、霊界までも永遠に続くのです。夫婦は被造世界における神様の愛の接点であり、真の愛の出発点です。この夫婦愛の復帰こそが、復帰摂理の中心目的だったのです。

夫婦の間には歴史的な怨讐《おんしゅう》が潜んでいることも自覚しつつ、夫婦が一体となって家庭完成に向かっていかなければなりません。

二、神氏族メシヤ

1991年7月1日、「七・一節（神様祝福永遠宣布）」が宣布されました。2000年7月1日から「神様祝福永遠勝利宣布式」と改称されています。

真の父母様は、長子権、父母権、王権の三権復帰の天宙的な基準を立てられました。真の父母としての責任分担を完遂され、神様の直接主管圏に入る基台を整えられました。

この時、すべての祝福家庭は「氏族メシヤ活動申請書」を真の父母様に提出し、氏族メシヤの使命を果たすことを誓いました。

「氏族メシヤ」は、何年経過したとしても、必ず果たさなければならない、宿命的な使命です。避けて通ることのできない関門でもあります。

(一) 氏族復帰の目的

神氏族メシヤとして、まず私たちを生んでくれた父母を復帰します。父母を堕落しなかった位置に立てることによって、失われたアダム家庭を復帰することができます。先祖復帰です。私が生まれた地、私の故郷はまだサタンの主管下にあります。故郷に住むすべての人が神様を歓迎し、神様に連結されれば、私の生まれた故郷が復帰されたことになります。そして、故郷からサタンが追放され、故郷で神様と共に住むことができるようになるというのです。このように、神氏族メシヤの使命は、故郷に父母を立て、故郷からサタンを追放し、神様と同居することです。その活動を通して、私の家庭基盤を確立するのです。

「なぜ氏族メシヤが貴いのかといえば、家庭と国の間に立っているからです。これを原理で見るとき、家庭が蘇生、氏族が長成、国家は完成です。国家を中心として見るときは、国家が蘇生であり、その次には世界が長成であり、天宙が完成だと、このようになるのです。世界を中心としては、世界が蘇生であり、天地が長成であり、神様が完成です。これが真の愛で結ばれるのです。この三段階原則によって連結されていく、このような発展の原則から見るとき、国を探し求めるに当たって、氏族メシヤの基準がどれほど貴重かということを知

らなければなりません」（『氏族的メシヤと天一国創建』より）

(二) 神氏族メシヤの立場

神氏族メシヤは、それぞれの祝福家庭が完成するためには避けることができない、宿命的な課題です。「祝福中心家庭」として祈る私たちは、事情があったとしても、私の家庭の完成に、氏族の救いに責任を持たなければならないのです。

神氏族メシヤは、真の父母様の勝利的基盤を相続した立場です。ですから、私たちもアベル氏族、カイン氏族を血統転換させ、祝福に導かなければならない立場なのです。

真の父母様は、私たちに「愛の家庭を成していけば、氏族復帰は簡単だ」とおっしゃいます。夫が妻を愛し、妻が夫を愛する、また父母が子供を愛し、子供が父母を愛する、そのような愛の家庭を成して、それを氏族に相続させればよいと話されています。故郷に帰って、素晴らしい愛の家庭の証《あか》しを立てれば簡単だと言われるのです。

【第八章のポイント】

①神様が探し求めてこられたのは「家庭」です。家庭の重要性を理解しましょう。
②祝福家庭には神氏族メシヤの使命と責任があります。
③神氏族メシヤの使命は、故郷に父母を立て、故郷からサタンを追放し、故郷で神様と共に住むことです。

【参考図書】

『統一思想要綱』（統一思想研究院、光言社）
『平和神経』（天宙平和連合、光言社）
『祝福家庭と理想天国(I)』（世界基督教統一神霊協会、光言社）
『宇宙の根本』（文鮮明、光言社）
『至誠感天 家和万事成』（文鮮明、光言社）
『天一国主人の生活』（文鮮明、光言社）
『後天時代の生活信仰』（文鮮明、光言社）
『文鮮明先生の教育哲学』（文鮮明、光言社）
『平和を愛する世界人として』（文鮮明、創芸社）
『正しい愛と性と健康法』（増田善彦、清心神学大学院出版部）
『祝福夫婦・父母の天一国生活倫理』（増田善彦、清心神学大学院出版部）
『後天時代の生活習慣』（増田善彦、清心神学大学院出版部）

『真の家庭を出発するために』（倉本正彦、光言社）
『祝福家庭の伝統を立てるために』（倉本正彦、光言社）
『父母と共なる生活』（奈田壽美子、光言社）
『神の愛の中ではぐくむ』（奈田壽美子、光言社）
『人と思想　マザーテレサ』（和田町子、清水書院）

内田由喜（うちだ・ゆき）

著者略歴

1947 年　高知県に生まれる
1965 年　徳島文理大学短期大学部家政生活科入学
1966 年　世界平和統一家庭連合（旧 世界基督教統一神霊協会）に入教
1975 年　1800 双の祝福を受ける
1989 年　「愛心カウンセリング研究所」細野純子准教授の指導を受ける。メンタルケアー心理士資格取得
1990 年　家庭局専任講師
2010 年　総合相談室相談員
家庭カウンセラーとして活躍している

祝福結婚の恵みと夫婦円満の秘訣

2016年6月5日　　初版発行

著　者　内田由喜
発　行　株式会社　光言社
〒150-0042 東京都渋谷区宇田川町37-18
電話　03（3467）3105
http://www.kogensha.jp
印　刷　株式会社 ユニバーサル企画

ISBN978-4-87656-192-6